项目储备可研经济性与财务合规性评审

指导手册

国网河北省电力有限公司经济技术研究院 编著

中国财经出版传媒集团
经济科学出版社
Economic Science Press

图书在版编目（CIP）数据

项目储备可研经济性与财务合规性评审指导手册/国网河北省电力有限公司经济技术研究院编著．—北京：经济科学出版社，2022.11
ISBN 978-7-5218-4189-3

Ⅰ.①项… Ⅱ.①国… Ⅲ.①电力工业—工业企业—财务管理—中国—手册 Ⅳ.①F426.61-62

中国版本图书馆 CIP 数据核字（2022）第 205629 号

责任编辑：杜　鹏　常家凤
责任校对：王肖楠
责任印制：邱　天

项目储备可研经济性与财务合规性评审指导手册
国网河北省电力有限公司经济技术研究院　编著
经济科学出版社出版、发行　新华书店经销
社址：北京市海淀区阜成路甲 28 号　邮编：100142
编辑部电话：010-88191441　发行部电话：010-88191522
网址：www.esp.com.cn
电子邮箱：esp_bj@163.com
天猫网店：经济科学出版社旗舰店
网址：http：//jjkxcbs.tmall.com
固安华明印业有限公司印装
710×1000　16 开　8.25 印张　140000 字
2022 年 12 月第 1 版　2022 年 12 月第 1 次印刷
ISBN 978-7-5218-4189-3　定价：46.00 元
（图书出现印装问题，本社负责调换。电话：010-88191510）

编　委　会

主　任： 吴希明　韩晨鹏

主　编： 王　鹏　高丽红　李树水　李　娜

副主编： 何　瑞　康　云　齐　丹　吴园园

参　编： 姜　亮　史梦薇　郭　谊　孟海燕　张　婕
卢娅卿　邓力华　李玲玲　胡庆博　王浩凛
王书峰　李俊芳　游晓群　武　琳　齐建威
李莎莎　贾旭光　汪　霞　刘　慧　李占普
张　媛　苏睿清　王丽红　刘亚男　苏　颖
王艳芹　容春艳　赵　菊　唐兆麟　李　欣
张思宁　李一桐　成新瑞　梁　静

前　言

随着电网投资规模持续高位，投入需求不断增长，对资源优化配置及项目精益管理提出了更高要求，项目可研经济性与财务合规性评审作为实现优化资源配置、推动精益管理的重要手段和必然选择，重要性日益凸显。但沿用的评审规则久未更新，随着制度、业务的更新调整，其适用性及落地性逐步减弱，国内也缺乏专业书籍对项目储备可研经济性与财务合规性评审作出详细的阐述，尤其缺少不同类型项目的评审案例分析，不利于保障储备项目质量，影响项目决策的科学性。

本书作为一本项目储备可研评审方面的书籍，撰写时查阅了大量的可研评审文献资料，总结了相关研究工作成果，既系统和深入地介绍了综合计划13类项目储备可研经济性与财务合规性评审的具体范围、实施原则、审核要点、应用机制以及具体标准，又按项目类别对评审时发现的典型问题开展案例分析，提出评审意见。本书既有理论基础的讲解，又有工程实例的演算，同时还注重配电网新技术的结合，对于项目储备可研评审有一定的指导作用。

编者

2022年9月

目　录

第1章　绪　论

1.1　总　则

1.1.1　背景

近年来，国网公司持续深化项目资金一体化管控，通过统一企业级项目编码、开发应用项目预算发布创建校验功能、建立健全预算外项目审批机制、实施按明细项目控制支出、开发部署项目预算全链条管控工具等措施，初步构建了项目预算全过程闭环管理体系，有效发挥了预算在项目事中控制和事后分析方面的管控作用。为进一步健全完善项目预算闭环管理体系，从源头上加强对储备项目的事前管控，国网公司制定了一套项目可研经济性、财务合规性审查规则，业务部门遵循规则开展项目储备工作，财务部门遵循规则开展储备项目审查，促进财务与业务有机融合，构建定位明确、分工有序、管控有力的项目审查机制，共同落实国家和公司制度及管理要求，确保项目支出依法合规。

国网河北省电力有限公司经济技术研究院在《国家电网公司项目可研经济性与财务合规性评价指导意见》（以下简称指导意见）的基础上，研究细化了项目可研经济性、财务合规性评价工作的具体范围、实施原则、应用机制、重点内容以及具体标准，将财务制度和管理要求明确为可执行、可量化的审核标准，汇总形成了《项目储备可研经济性与财务合规性评审指导手册》（以下简称《指导手册》）。

1.1.2 适用范围

《指导手册》所规范的纳入可研经济性、财务合规性审核范畴的项目类型包括电网基建、电网小型基建、生产性技改、生产辅助技改、生产性大修、生产辅助大修、固定资产零购、电力市场营销、研究开发、电网数字化、管理咨询、股权投资及教育培训共13类项目。

1.2 原　则

在开展项目可研经济性、财务合规性审核工作中，主要把握必要性、实用性、融合性、前瞻性原则。

1.2.1 必要性原则

开展项目可研经济性、财务合规性审查，是判断项目是否能够纳入预算的重要前置性评价环节。提报项目需求的单位和部门，应将指导意见有关要求落实到可行性研究报告或项目建议书中。

1.2.2 实用性原则

开展项目可研经济性、财务合规性审查，旨在促进各类项目投入资金依法合规使用，从源头上提升投入产出水平，降低项目竣工决算、审计等后期环节的经营风险。

1.2.3 融合性原则

开展项目可研经济性、财务合规性审查，横向上要加强财务与业务的集成融合，在项目储备环节落实有关要求；纵向上统筹各级财务专业力量，有效发挥基层财务部门的作用。充分调动各方资源，采用交叉审查、集中审查等多种方式，提升工作质量和成效。

1.2.4 前瞻性原则

开展项目可研经济性、财务合规性审查，应坚持从业务角度出发，将财务信息转化为业务语言表达，使财务制度和管理要求融入其中，打通业务通道与数据通道，促进价值链与业务链有机融合。同时，应根据审查过程中发现的问题，不断健全和完善评价标准，优化和调整审查方式。

1.3　总体要求

评价标准将国家和公司财务管理要求转化为业务语言，作为业务部门和财务部门开展项目储备共同遵循的一套标准。业务部门是项目可研经济性、财务合规性的责任人，在可研经济性方面，应确保纳入储备的项目符合公司投入产出要求，兼顾社会效益和经济效益，项目投资效益指标评价客观合理；在财务合规性方面，应确保纳入储备的项目符合国家财经法规和公司财务制度要求，项目投资估算合理、取费标准和依据充分、设备材料价格公允、没有虚列成本现象等。在项目可研编制、评审、批复过程中，财务部门应用指导意见对项目的可研经济性、财务合规性提出审核意见。

1.4　基本内容

开展项目可研经济性、财务合规性审查的基本内容，包括但不限于以下三个方面：资料完整性审核、项目财务合规性审核和项目可研经济性审核。

1.4.1　资料完整性审核

资料完整性审核主要审核提交的项目资料和数据是否充分、完整，是否清晰阐述和反映了项目的财务合规性、可研经济性，如项目可行性研究报告或项目建议书中应有明确的量化数据，资产改造、更换、修理等项目应包含明确实施对象，各类项目应有明确的效益或投入目标等。对于资料和数据表述不完整，影响到审核工作正常开展的，应当要求业务主管部门或单位及时补充。

1.4.2　项目财务合规性审核

项目财务合规性审核主要审核提交的项目在前期立项阶段是否符合国家法

律、法规、政策以及公司内部管理制度等各项强制性财务管理规定要求，例如，项目分类是否准确，是否准确划分资本性与成本性投入范围等。各级财务部门在审核过程中，对于违反各类强制性规定要求的项目，应要求业务主管部门或单位及时修改调整。

1.4.3 项目可研经济性审核

项目可研经济性审核主要审核提交的项目在投入产出方面的经济可行性与成本开支的合理性。各级财务部门在审核过程中应结合项目实际情况判断计算各类经济效益指标所需参数的合理性，或通过历史、市场数据分析判断成本投入的合理性。

财务部门在参与项目可研编制、评审、批复的过程中，应对项目的可研经济性、财务合规性提出相关意见。

第 2 章　项目审核要点及案例

2.1　电网基建项目

2.1.1　适用范围

电网基建项目是对各级电网项目（送电工程、联网工程、城网工程、农网工程、区内或省内电网工程）和电源项目的建造、购置和更新的过程，项目建造包括新建、改建、扩建、恢复和迁建等。

根据电压等级，电网基建项目主要分为 1 000kV、500kV、220kV、110（66）kV、35kV、10kV 及以下、独立二次 7 大类。

下列项目不纳入电网基建项目：根据规定应由用户投资建设的专用供电工程，因道路建设、房地产开发需要迁移或改造现有输变电设施，根据有关规定由项目建设单位投资迁改的项目等。

2.1.2　制度依据

2.1.2.1　国家法规

《企业会计准则》（财会〔2006〕3 号）及财政部颁布的相关新会计准则；

《中华人民共和国企业所得税法》（中华人民共和国主席令 2007 年第 63 号）；

《中华人民共和国企业所得税法实施条例》（中华人民共和国国务院令第 512 号）。

2.1.2.2　公司制度

《国家电网公司会计核算办法2021》（国家电网企管〔2020〕847号）；

《国家电网有限公司基建项目管理规定》（国家电网企管〔2019〕426号）；

《国家电网有限公司电网项目前期工作管理办法》（国家电网企管〔2019〕425号）；

《国家电网公司工程财务管理办法》（国家电网企管〔2020〕763号）；

《国家电网有限公司电网项目可行性研究工作管理办法》（国家电网企管〔2021〕64号）。

2.1.3　审核要点

2.1.3.1　资料完整性审核

电网基建项目必须提供以下审核资料：可行性研究报告及项目投资估算书、可研经济性指标评价表。

若项目计划时间超过一年，应当提供投资估算分年度明细表。

若其他费用中有土地征用、拆迁赔偿支出的项目，应提供当地政府土地出让指导价文件、拆迁赔偿合同或协议、同类工程的结算资料等拆迁赔偿金补偿依据。

若涉及拆旧的项目应提供拟拆除设备清单及状态评价表。

若涉及改建、扩建工程，需阐述原来的资产情况及与本期建设的衔接情况。

电网基建需提供资料和数据如表2-1所示。

表2-1　电网基建需提供资料和数据一览

项目名称	序号	资料名称	资料应包含的信息
电网基建项目	1	可行性研究报告	项目总体情况，与项目有关的电网规划、负荷预测、资金来源、资本金比例、贷款利率、贷款期限等；对扩建、改建工程，应简述原有资产情况及与本期建设的衔接情况；若存在拆分立项，应在报告中作出专项阐述；对项目实施进度和项目时间节点的合理估计，包括设计、开工、物资到货、竣工等关键节点

续表

项目名称	序号	资料名称	资料应包含的信息
电网基建项目	2	项目投资估算书	项目投资估算总额及相关说明，包括工程规模简述、估算编制说明等，投资估算总额需按照建筑工程费、安装工程费、设备购置费及其他费用分别列示；主要设备材料应列示清单，其他费用应列示明细内容、金额和取费依据。 重点关注项目工程保险费计列情况（项目工程保险费应包含工程物质损失费及第三方责任险）
	3	可研经济性指标评价表	投资主体投资能力和投资规模匹配性：指标的计算公式、计算过程、指标测算结果，相关预测数据来源、假设条件和参数等。 对能准确测算单体资产效益的项目（一般指110kV以上输变电站新建工程的项目）：项目经济性指标评价表计算公式、计算过程、指标测算结果，并说明收入、成本、贷款等相关预测数据来源、假设条件和参数。 对单体项目效益不可测算的项目：本项目投资估算总额与通用造价、多维立体参考价或本项目类似程度的项目投资额对比分析及说明
	4	拟拆除设备清单及状态评价表	拟拆除设备状态评价、再利用及拆迁赔偿情况，包括再利用设备清单、资产卡片信息、初始建设日期、资产原值、历史改造修理记录及金额、资产净值等
	5	库存物资利用计划	库存物资利用坚持“先利库、后采购”原则，建立分级平衡利库机制。项目/专业管理部门按照“谁形成库存、谁负责利库”的原则，对照可利用库存物资信息表，优先选用库存物资或可用退役资产
	6	投资估算总额分项支出表	
	7	投资估算分年度明细表	
	8	当地政府土地出让指导价文件	
	9	拆迁赔偿金赔偿依据	

未提供表2-1中的资料及数据不得通过资料完整性审核。

2.1.3.2　财务合规性审核

(1) 审核是否包含其他类别项目，如大修、业扩等。获取项目拟购置资产清单，查看是否有属于固定资产零星购置范围内的资产更新。项目中如果有属于固定资产零星购置范围内的资产更新，应该将该项固定资产采购纳入固定资产零星购置项目管理，单独立项。

（2）审核是否存在分拆立项。财务评审人员应：通过关键字检索可研评审明细表，查找是否存在针对同一项需求或者同一项资产执行的多次立项；通过可研报告落实具体情况，审查是否存在分拆立项；根据可研报告中项目总体情况介绍、实施内容、目的、地点、项目对应的资产等判断项目是否完整地包含与之配套的工程。

审核项目是否以输变电工程、线路工程和与之配套的工程（含土建）为单位立项，严禁将一个独立项目分拆立项。

业务部门若有恰当的理由将项目分拆立项，例如，考虑城市规划等原因，事先做好土建部分。在有充分理由的情况下，非人为原因导致的分拆立项应在可研报告中进行阐述，并提供佐证资料。

财务评审人员在参与可研论证和审查过程中，若发现将一个独立工程分拆立项的情况，同时也未提供充分、合理的佐证材料，应要求项目申报部门作为同一项目重新立项。

（3）审核是否准确划分资本性支出与成本性支出。电网基建项目投运时增加的电网资产，应划分为资本性支出。

（4）审核拆旧物资数量及处理方案是否合理。财务评审人员应关注：①对于配电网改造项目，项目投资估算书中的设备（资产）清单与拆旧物资清单是否具有数量上的对应关系，若因项目拆改迁规模或布局变动较大等合理原因，以致数量无法对应的要作出专项说明。②审核拆旧物资处置、利用方案是否合理，是否经过管理部门签字盖章同意，对于净值率大于 0.5 且净值大于 10 万元的项目，财务评审人员应重点审核其处置建议，对于直接报废的资产，需有技术鉴定及无回收价值的说明。

（5）审核其他费用支出是否合理。查看投资估算明细表：①审核工程其他费用——其他的计列是否有依据，依据是否合规。②审核土地征用、拆迁赔偿等计列依据是否充分、合规，可研报告与投资估算中面积是否一致。③结合工程具体情况审核项目后评价费、项目前期工作费、大件运输费等费用的计列必要性及依据。④审核工程保险费、建设期贷款利息等费用有无漏项或重复计列。

（6）审核项目建设标准、规模是否超过相关规定。审核有无超标准、超规模建设，若有超标准、超规模情况，重点审核原因。

（7）审核费用计列合规性。审核费用编制依据、费用构成、计算标准、项目及费用性质划分合理性、规范性；审核相关定额套用的合理性。

（8）审核资金来源是否合规。

一是审核可研报告估算书编制说明中资金来源信息描述是否完整。可研报告估算书编制说明应明确工程资金来源及比例、融资利率，资金来源为外部出资的应提供有关文件。

二是审核建设期贷款利息的计列金额是否合理，贷款比例是否与资金来源文件约定一致；贷款利息资本化的期间是否与项目建设期匹配；贷款利率是否为编制期内中国人民银行公布的贷款市场报价利率（LPR）。

2.1.3.3　可研经济性审核

电网基建项目可研经济性审核主要关注投入产出方面的经济可行性与成本开支的合理性。

1. 审核投资主体投资能力和投资规模匹配性。可采用单位投资增供电量、单位投资降损电量等指标总体评价投资主体投资能力和投资规模匹配性或区域电网基建投资的合理性。

（1）单位投资增供电量（适用于主网项目）。单位工程投资增加的供电量，反映新增工程投资的经济效益水平。

计算公式为：

$$\text{单位投资增供电量} = \frac{\text{项目投产后预算期供电量} - \text{上期供电量}}{\text{工程总投资}} \tag{2.1.3.3-1}$$

$$\text{单位资产供电量} = \frac{\text{售电量}}{\text{电网固定资产原值}} \tag{2.1.3.3-2}$$

评价标准为：单位投资增供电量应不低于现有单位资产供电量，现有资产应为全口径的固定资产原值。

（2）单位投资降损电量（适用于配网项目）。单位工程投资降低线损影响的供电量，反映新增固定资产投资的降低线损的经济效益水平。

计算公式为：

$$\text{单位投资降损电量}=\frac{\text{项目投产后预算期供电量}\times(\text{上期线损率}-\text{预算期线损率})}{\text{工程总投资}}$$

（2. 1. 3. 3 –3）

评价标准为：单位投资降损电量不高于现有单位资产供电量，现有资产应为全口径的固定资产原值。

2. 审核投入产出是否经济。对能准确测算单体资产效益的项目，如新建变电站、线路等项目，配电项目以台区为最小单元测算项目经济效益。审查以下关键经济效益指标是否符合经济效益原则。

（1）财务净现值。财务净现值为项目按电力行业的基准收益率，将项目计算期内预测各年的净现金流量折算到建设期初的现值之和，反映项目生命期内投资盈利能力。

计算公式为：

$$FNPV=\sum_{t=1}^{n}(CI-CO)_t(1+t)^{-t} \quad (2.1.3.3-4)$$

其中，FNPV 表示财务净现值；CI 表示项目实际的或根据实际情况预测的年现金流入量（预测年度电网售电增量收入）；CO 表示项目实际的或根据实际情况预测的年现金流出量（预测年度投资支出或运维支出）；N 表示项目计算期；I 表示电力行业基准收益率（一般可选取五年期国债利率）。

评价标准为：审核财务净现值是否大于 0，大于 0 说明项目在财务上是可行的，否则不可行。当多方案比较时，财务净现值越大的方案相对越优。

（2）财务内部收益率（所得税税前）。内部收益率为项目在全寿命周期内净现金流量现值之和为 0 的折现率，即项目财务净现值折现为 0 的折现率。

计算公式为：

$$\sum_{t=1}^{n}(CI-CO)_t(1+FIRR)^{-t}=0 \quad (2.1.3.3-5)$$

其中，CI 表示项目实际的或根据实际情况预测的年现金流入量（预测年度电网售电增量收入）；CO 表示项目实际的或根据实际情况预测的年现金流出量（预测年度投资支出或运维支出）；N 表示项目计算期；FIRR 表示内部收益率。

评价标准为：当内部收益率大于或等于行业财务内部收益率或设定的折现率时，项目在财务上是可行的。

根据《建设项目经济效益评价方法与参数》（第三版）的相关内容，送电工程、联网工程、城网工程以及区内或省内电网工程财务内部收益率（所得税税前）行业标准为7%，农网工程财务内部收益率（所得税税前）行业标准为6%。

（3）资本金内部收益率（所得税税后）。资本金内部收益率，即资本金税后财务内部收益率。

计算公式参照财务内部收益率。

评价标准为：若资本金内部收益率大于行业平均资本金内部收益率，项目在财务上是可行的，否则不可行。

根据《建设项目经济效益评价方法与参数》（第三版）的相关内容，联网工程、城网工程资本金内部收益率（所得税税后）行业标准为10%，送电工程、农网工程、区内或省内电网工程资本金内部收益率（所得税税后）行业标准为9%。

（4）静态投资回收期。项目投资回收期为项目净收益回收项目投资所需要的时间，即项目累计净现金流量等于零的年份。此指标通过对比项目静态投资回收期与行业基准回收期的差异，来分析项目的可行性。

计算公式为：

$$P_t = T - 1 + \frac{\left|\sum_{i=1}^{T-1}(CI - CO)_i\right|}{(CI - CO)_T} \qquad (2.1.3.3-6)$$

其中，CI表示项目实际的或根据实际情况预测的年现金流入量（预测年度电网售电增量收入）；CO表示项目实际的或根据实际情况预测的年现金流出量（预测年度投资支出或运维支出）；T表示各年累计净现金流量首次为正或零的年数；P_t表示投资回收期。

评价标准为：当投资回收期小于行业基准投资回收期时（行业基准投资回收期可选该固定资产的折旧年限），项目在财务上是可行的，否则不可行。

（5）总投资收益率。总投资收益率又称投资报酬率，运营期平均息税前利润占项目总投资的百分比，是反映项目投资盈利能力的静态指标。

计算公式为：

$$总投资收益率=\frac{运营期内平均息税前利润}{项目总投资} \quad (2.1.3.3-7)$$

评价标准为：仅作为参考指标。

（6）资本金净利润率。资本金内部收益率运营期内平均净利润占项目资本金的比率，反映项目资本金的盈利水平。

计算公式为：

$$资本金净利润率=\frac{运营期内平均净利润}{项目资本金} \quad (2.1.3.3-8)$$

评价标准为：仅作为参考指标。

3. 审核经济性指标测算合理性。

（1）审核收入预测是否合理。审核《销售收入和税金及附加估算表》，关注输电收入预测合理性，输送电量是否合理，电量预测是否满足资产对应的约束条件，如变压器的容量，在满足约束条件的前提下，考虑市场需求、负载水平、需求增速、替代产品等因素；审核输配电价是否符合当地的电价政策。

2021～2022年河北电网输配电价如表2－2所示。

表2－2　2021～2022年河北电网输配电价

用电分类		电度电价（元/千瓦时）					容（需）量电价	
		不满1千伏	1～10千伏	35千伏	110千伏	220千伏及以上	最大需量（元/千瓦·月）	变压器容量（元/千伏安·月）
工商业及其他用电	单一制	0.180 9	0.165 9	0.155 9				
	两部制		0.169 4	0.154 4	0.139 4	0.134 4	35	23.3

（2）审核成本预测是否合理。审核《总成本费用估算表》，从动因角度考虑工资及保险、住房公积金、材料费、外包检修费、委托运行维护费等各项主要成本费用是否合理，是否符合社会经济发展趋势及工程特点。

审核《固定资产折旧、无形资产及其他资产摊销估算表》，检查固定资产折旧、无形资产及其他资产是否符合公司的折旧政策，资产折旧年限、残值等参数是否与资产的经济寿命相符。

审核《利润与利润分配表》，重点关注毛利率是否合理，与同类型项目对比，分析毛利率的偏离程度，对于明显偏离的，分析成本指标是否为合理必要支出。例如，对于委托运行维护费偏高的项目，应结合人工成本汇总估算金额的合理性。

（3）审核预测期是否合理。预期一般为项目的寿命周期，审核是否做到有限期全流程预测。

（4）数据与估算书及可研报告是否勾稽。《投资使用计划与资金筹措总表》建设期利息、工程动态投资、流动资金等是否与估算书一致。相关利率参数是否合理，偿还期限假设是否合理等。

4. 审核投入成本是否合理。

（1）单位千伏安/单位公里数投资额（适用于变电站、线路类项目）。将该平均千伏安/单位公里数投资成本与类似项目进行比较，审核单位千伏安/单位公里数投资成本是否存在较大差异，差异较大需作出专项说明。

释义：反映同一类型基建项目的单位投资成本，如变电站、线路。

计算公式为：

$$\text{单位投资额} = \text{工程总投资成本}/\text{线路长度或变电容量} \tag{2.1.3.3-9}$$

（2）若单体项目无法适用投入产出评价方法，则可将该项目成本投入与类似项目成本或单位投资标准成本等进行比较，如差异较大，需作出专项说明。

2.1.3.4　其他方面审核

审核可行性研究报告或项目建议书的投资估算总额是否分明细列示，是否详细、合理，是否满足编制年度项目支出预算与资金支出预算的需要。

2.1.4　应用举例

2.1.4.1　案例 1

1. 项目内容。

（1）项目规模。结合地区发展速度，新建××110kV 变电站 1 座，规划建设主变压器3台，单台变压器容量50MVA……

（2）经济性指标评价如表2－3所示。

表2－3　财务评价指标一览

序号	项目	单位	指标	备注
1	工程静态投资	万元	9 100	
2	价差预备费	万元		
3	建设期贷款利息	万元	150	
4	工程动态投资	万元	9 250	
5	内部收益率（全部投资）	%	53.17	
6	投资回收期（全部投资）	年	3.75	
7	财务净现值（全部投资）	万元	16 218.11	
8	内部收益率（投资方）	%	70.40	
9	财务净现值（投资方）	万元	42 931.92	

（3）估算书如表2－4所示。

表2－4　其他费用估算表

序号	工程或费用名称	编制依据及计算说明	合价（元）
1	建设场地征用及清理费	……	487 212
2	项目建设管理费		2 011 316
2.1	项目法人管理费	……	612 336
2.2	招标费	……	375 938
2.3	工程监理费	……	801 126
2.4	设备材料监造	……	29 778
2.5	施工过程造价咨询及竣工结算审核费	……	128 979
2.6	工程保险费	……	63 159
3	项目建设技术服务费	……	3 116 410
……	……	……	……

2. 可研资料。可研资料包括可研报告、估算书、经济性指标评价。

3. 问题描述。

（1）财务评审人员审查可研报告发现，项目涉及土地征用、拆迁赔偿，可研资料未提供当地政府土地出让指导价文件、拆迁补偿合同或协议等佐证资料，不符合“审核土地征用、拆迁赔偿等计列依据是否充分、合规”审核要点，土地征用、拆迁补偿等费用计列不合规。

（2）财务评审人员审查经济性指标评价表发现，项目经济效益评价内容不完整。

①项目内部收益率、投资回收期、财务净现值指标远高于行业平均水平及同类项目平均水平，项目经济效益测算结果不合理；

②经济性指标评价表仅列示内部收益率、投资回收期、财务净现值三项指标数值，缺少总投资收益率、资本金净利润率等指标测算，缺少折旧、税率、运维成本等基础参数假设，缺少完整的收入、成本、利润、现金流推算过程，未编制相关测算表格，无法对相关指标测算准确性进行审核。

2.1.4.2　案例 2

1. 项目内容。

（1）项目规模。拆除原 2 号主变压器及其中性点设备，更换为容量为 50MVA 的三相三绕组有载调压自冷变压器，电压等级 110/35/10kV，容量比为 50/50/50MVA……

（2）估算书如表 2－5 所示。

表 2－5　　其他费用估算表

序号	工程或费用名称	编制依据及计算说明	合价（元）
1	建设场地征用及清理费	……	154 578
2	项目建设管理费	……	402 373
2.1	项目法人管理费	……	101 465
2.2	招标费	……	69 153
2.3	工程监理费	……	147 366
2.4	设备材料监造费	……	57 814
2.5	施工过程造价咨询及竣工结算审核费	……	26 574
3	项目建设技术服务费	……	1 037 190
……	……	……	……

2. 可研资料。可研资料包括可研报告、估算书。

3. 问题描述。

（1）财务评审人员审查估算书——其他费用页面发现，项目的其他费用——项目建设管理费中未计列“工程保险费”，不符合“审核其他费用支出是否合理”审核要点，影响后续工程决算工作。

（2）财务评审人员审查可研资料发现，该项目未提供单体不可测算项目经济性指标评价表，同时可研报告也未对投入成本合理性进行分析（如项目投资与通用造价、多维立体参考价、类似项目投资等对比分析），不符合“审核投入成本合理性”审核要点，项目经济性不充分。

（3）财务评审人员审查可研报告发现，项目涉及主变压器等设备更换，可研资料中未提供拟拆除设备清单、拟拆除设备评价表及相关管理部门盖章的处置意见等资料，不符合“审核拆旧物资数量及处理方案是否合理”审核要点，拆旧流程不合规。

2.1.5 评审实例

项目经济性与财务合规性评审案例如表 2－6～表 2－10 所示。

表 2－6　　项目经济性与财务合规性评审案例 1

项目类型	电网基建项目
项目名称	×起步区 12 号 110kV 输变电工程
一、项目实施内容 变电站终期安装 110/10.5kV50MVA 有载调压变压器 4 台，本期 2 台；110kV 进出线终期 12 回，本期 4 回；10kV 馈线终期 48 回，本期 24 回；终期每台主变补偿 300kvar 电抗器和 5 000kvar 电容器各 1 组，其中电容器串 5% 电抗器。新建变电站所选站址为建设用地，场地现状为平坦耕地，需承担拆迁补偿费用。 二、可研资料情况 可研资料包括可研报告、估算书、设计图纸、经济性指标评价表。 三、问题描述 财务评审人员审查可研报告发现，该项目涉及土地征用、拆迁赔偿，可研资料未提供当地政府土地出让指导价文件、拆迁补偿合同或协议等佐证资料，不符合“审核土地征用、拆迁赔偿等计列依据是否充分、合规”审核要点，土地征用、拆迁补偿等费用计列不合规。	

表 2－7　　项目经济性与财务合规性评审案例 2

项目类型	电网基建项目
项目名称	×220kV 变电站 2 号主变增容工程
一、项目实施内容 1. 主变扩建方案。×站目前主变容量为 180MVA（#1）+120MVA（#2），本期计划将#2 主变增容为 180MVA，原#2 主变退运，变比 220±8×1.25%/121/10.5kV，容量比 180/180/90MVA，连接组别取 YN/yn0/d11，阻抗电压取标准序列（UI－II＝14%与#1 号主变一致）。 2. 10kV 新增出线方案。新出 4 回线路切改方案。1 路向东出线切改东安 536 线路负荷和部分御城 542 线路负荷。2 路向西南方向切改仙人桥 541 线路部分负荷同时接入新增负荷。3 路向西出线切改孙村西路 562 部分负荷同时接入新增负荷。4 路向西北方向高铁附近新接入上东区等小区负荷。 二、可研资料情况 可研资料包括可研报告、变电图纸、材料清册、会议纪要答复、估算书、经济性指标评价表、勘测报告、施工过渡方案。 三、问题描述 财务评审人员审查可研报告发现，该项目涉及一台 120MVA 主变退运，可研报告未说明该主变退运计划，且可研资料中未提供拟拆除设备清单、拟拆除设备评价表及相关管理部门盖章的处置意见等资料，不符合“审核拆旧物资数量及处理方案是否合理”审核要点，拆旧流程不合规。	

表 2－8　　项目经济性与财务合规性评审案例 3

项目类型	电网基建项目
项目名称	×110kV 输变电工程
一、项目实施内容 1. 变电站。主变压器：终期规模 3×50MVA 双绕组有载调压变压器，本期建设 2×50MVA。110kV：终期进线 3 回，本期进线 2 回，采用电缆进线。110kV 由西侧进线。10kV：终期出线 36 回，本期出线共 24 回，其中备用 6 回，采用电缆出线。10kV 向东出线。无功补偿：终期 3×（3+5）Mvar 电容器，本期 2×（3+5）Mvar 电容器。 2. 110kV 线路工程。本期线路由××110kV 线路 T 接，因附近线路众多，架空实施难度较大，由 J1 采用电缆敷设至 SJ1。恢复架空后沿××大街东侧向北架设至××北侧 SJ2。左转钻过××街后，平行河道北侧向西跨过××35kV 线路、××天然气管道后至××线 500kV 线路东侧。平行 500kV 线路（中—中距离 60 米）向北架设，跨过××路、××110kV 线路后至 SJ6，然后右转跨过河道及××天然气管道后至××110kV 站外电缆终端钢杆，通过电缆至××110kV 站。 3. 110kV 线路原路径改造工程。由××220kV 站原 175 间隔出线，原路径改造，双回单挂线至 T 接点。 二、可研资料情况 经济性指标评价表列示，项目内部收益率（全部投资）53.17%、投资回收期（全部投资）3.75 年、财务净现值（全部投资）16 218.11 万元、内部收益率（投资方）70.40%、财务净现值（投资方）42 931.92 万元、总投资收益率 77.73%、资本金净利润率 220.48%。 三、问题描述 财务评审人员审查经济性指标评价表发现，该项目内部收益率、投资回收期、财务净现值等经济性指标远高于行业平均水平及同类项目平均水平，由此可知项目用于测算的收入、成本等基础指标错误，造成项目经济效益测算结果不合理。	

表 2 - 9　　项目经济性与财务合规性评审案例 4

项目类型	电网基建项目
项目名称	× ×110kV 输变电工程

一、项目实施内容

1. 新建变电站概况。主变压器：本站终期规划建设的 3 ×50MVA 主变，本期 2 ×50MVA 主变，为户外一体式三相双绕组自冷有载调压变压器，两侧电压为 110kV/10kV。本期建设#2 变压器和#3 变压器。

110kV：规划进线 3 回，本期 2 回。

10kV：规划出线 36 回，本期 24 回。

2. 线路概况。根据系统方案，本工程包含以下 2 条线路工程。

（1）× ×——× ×110kV 线路工程。线路路径长度共 5. 85km，架空线路 5. 8km，其中，单回路 5. 35km，双回路单侧挂线 0. 45km，电缆线路 0. 05km。

（2）× ×——× ×（T× ×）改接× ×110kV 线路工程。线路路径长度共 2. 76km，其中架空线路 2. 7km，电缆线路 0. 06km。全线单回路架设。

二、可研资料情况

可研资料包括可研报告、变电图纸、线路图纸、材料清册、估算书、投资规模汇总表、勘测报告、代征地依据、过渡方案、内审意见及答复、协议。

三、问题描述

财务评审人员审查可研资料发现，该项目未填制经济性指标评价表，缺少财务净现值、总投资收益率、投资回收期等经济效益指标分析说明，不符合“资料完整性”“可研经济性”审核要点，项目经济性不充分。

表 2 - 10　　项目经济性与财务合规性评审案例 5

项目类型	电网基建项目
项目名称	×220 千伏变电站 110 千伏配套送出工程

一、项目实施内容

1. 变电土建部分。×站为全户内变电站，本期根据电气二次要求，在二次设备室内增加 2 座平面基础。

2. 线路部分。× ×——× ×π 入解放变 110kV 线路工程设计新修构筑物 ф2. 2m 顶管 230m，1. 5m ×2. 3m 暗挖隧道 83m，新建× ×电缆折单（单相）长度为 5. 4km；× ×——× ×π 入解放变 110kV 线路工程设计新修构筑物 ф2. 2m 顶管 933m，1. 5m ×2. 3m 暗挖隧道 204m，新建× ×电缆折单（单相）长度为 7. 308km。

二、可研资料情况

1. 可研资料包括可研报告、变电图纸、线路图纸、材料清册、估算书、勘测报告、内审报告、施工过渡方案书面意见、投资规模汇总表、相关协议。

2. 估算书——其他费用明细表“2 项目建设管理费”明细如图 2 - 1 所示。

2	项目建设管理费		20496
2.1	项目法人管理费	(建筑工程费+安装工程费+建筑基准期价差+安装基准期价差)×3.36%	6479
2.2	招标费	(建筑工程费+安装工程费+建筑基准期价差+安装基准期价差)×2.29%	4415
2.3	工程监理费	(建筑工程费+安装工程费+建筑基准期价差+安装基准期价差)×4.1%	7905
2.4	施工过程造价咨询及竣工结算审核费	(建筑工程费+安装工程费+建筑基准期价差+安装基准期价差)×0.88%	1697
3	项目建设技术服务费		60161
3.1	项目前期工作费		5727

图 2 - 1　项目建设管理费

续表

三、问题描述 1. 财务评审人员审查可研资料发现，该项目未提供单体不可测算项目经济性指标评价表，同时可研报告亦未对投入成本合理性进行分析（如项目投资与通用造价、多维立体参考价、类似项目投资等对比分析），不符合“审核投入成本合理性”审核要点，项目经济性不充分。 2. 财务评审人员审查估算书——其他费用页面发现，项目其他费用中未计列“工程保险费”，不符合“审核其他费用支出是否合理”审核要点，影响后续工程决算工作。

2.2　电网小型基建项目

2.2.1　适用范围

电网小型基建项目主要包括为企业生产经营服务的调度控制、生产管理、运行检修、营销服务、物资仓储、科研实验、教育培训用房和其他非经营性生产配套设施的新建、扩建和购置。

电网小型基建项目按照建筑和投资规模分为限上项目、限下项目和零星项目，分类标准执行各专业管理制度。

2.2.2　制度依据

2.2.2.1　国家法规

《关于党政机关停止新建楼堂馆所和清理办公用房的通知》（中办国办〔2013〕号）；

《企业会计准则》（财会〔2006〕3 号）及财政部颁布的相关新会计准则。

2.2.2.2　公司制度

《国家电网公司小型基建项目管理办法》（国家电网企管〔2019〕425 号）；

《国家电网公司小型基建项目建设标准第 1 部分：调度生产管理用房》（国家电网企管〔2015〕625 号）；

《国网后勤部关于印发公司小型基建项目管理指导意见的通知》（后勤小型基建〔2013〕17 号）。

2.2.3 审核要点

2.2.3.1 资料完整性审核

电网小型基建项目必须提供以下审核资料：可行性研究报告或项目建议书、项目投资估算书、单体项目效益不可测算的经济性指标评价表、企业用房统计表、房产交易的公开市场价格资料，涉及土地征用、拆迁赔偿支出的项目应提供当地政府土地出让指导价文件、拆迁赔偿金赔偿依据等。

若项目计划时间超过一年，应当提供投资估算分年度明细表。

若其他费用中有土地征用、拆迁赔偿支出的项目应提供当地政府土地出让指导价文件、拆迁赔偿金赔偿依据。

电网小型基建需提供资料和数据如表 2－11 所示。

表 2－11　电网小型基建需提供资料和数据一览

项目名称	序号	资料名称	资料应包含的信息
电网小型基建项目	1	可行性研究报告	（1）项目基本情况。审查可研报告是否详细说明项目基本情况，包括公司概括和项目总体情况。公司概括中应阐述公司生产及人员情况，包括售电量、电网规模、人员定编、现有职工人数等内容；项目总体情况，应说明建设内容和规模、建设用地情况、项目用途及建设必要性等基本情况。 （2）项目建设规模和标准。 ①审查是否明确说明项目建设规模和标准，是否符合国家及公司建设规模和标准的相关说明。 ②审查是否明确说明项目建成后本单位用房调整使用计划、现有生产用房的用途。 （3）其他方面。审查是否对项目实施进度和项目时间节点合理估计，包括设计、预计开工、物资到货、竣工等时间节点
	2	项目投资估算书	投资估算总额及相关说明：审查投资估算总额及相关说明是否包括工程规模简述、估算编制说明等。 ①投资估算总额是否按照建筑工程费、安装工程费、设备购置费及其他费用分别列示。 ②主要设备材料应列示清单，其他费用是否列示明细内容和金额，其中预留性费用是否详细说明相关依据。

续表

项目名称	序号	资料名称	资料应包含的信息
电网小型基建项目	2	项目投资估算书	③建筑物内外装修装饰费是否根据工程实施方案，列出费用估算清单。 ④对于属特殊装修的调度通信机房、计算机房工程，审核投资估算中是否列出工程量及单价一览表，并单独说明
	3	单体项目效益不可测算的经济性指标评价表	选取的项目与本项目类似程度的分析及说明；本项目的投资估算额与选取的类似项目投资成本的对比分析及说明；与类似电网小型基建形成资产的市场价值比较分析说明及市场价值来源说明
	4	投资估算分年度明细表	
	5	当地政府土地出让指导价文件	
	6	房产交易的公开市场价格资料	
	7	拆迁赔偿金赔偿依据	

未提供表2－11中的资料及数据不得通过资料完整性审核。

2.2.3.2 财务合规性审核

（1）审核是否超标准或超规模新建和扩建项目。查看项目可研报告和投资估算书，审核项目是否符合《国网公司关于加强办公用房管理的通知》等文件的要求。根据建设单位现有办公用房的总量情况，用房的面积、使用单位及人数、建设年代、建筑层数、建筑结构、人均面积等，结合建设单位未来规划需求，以判断新建用房的必要性及投资规模的合理性。

（2）审核是否包含其他类别项目。获取项目拟购置资产清单，查看是否有属于固定资产零星购置范围内的资产更新。项目中如有属于固定资产零星购置范围内的资产更新，应该将其纳入固定资产零星购置项目管理，单独立项。

（3）审核是否存在分拆立项。财务评审人员应：①通过关键字检索可研评审明细表，查找是否存在针对同一项需求或者同一项资产执行的多次立项，通过可研报告落实具体情况，审查是否存在分拆立项。②根据可研报告中项目总体情况介绍、实施内容、目的、地点、项目对应的资产等判断项目是否完整地包含与之配套的工程。

电网小型基建项目应以主体工程、配套工程（含土建）整体立项，严禁将整体项目分拆立项。建筑物内外装修装饰工程是项目建设的一部分，不能单独立项。

财务评审人员在参与可研论证和审查过程中，若发现将一个独立工程分拆立项的情况，同时也未提供充分、合理的佐证材料，应要求项目申报部门作为同一项目重新立项。

（4）审核是否准确划分资本性支出与成本性支出。电网小型基建项目属自行建造的固定资产，除项目支出不能形成有效资产外，电网小型基建项目一般应划分为资本性支出项目。

（5）审查装修工程造价比例是否合理。查看投资估算明细表，审查办公用房装修工程造价（包括室内、室外装修工程）占建筑安装工程费用的比例：省级、市级不宜超过35%；县级不宜超过30%；乡级不宜超过25%。

（6）审核其他费用支出是否合理。查看投资估算明细表，审核工程其他费用——其他的列支是否有依据，重点审核土地征用、拆迁赔偿、预留费用等列支依据是否充分、合理：土地征用费、拆迁赔偿金额所依据的文件是否适用项目所在地区，费用计算是否正确；对于土地征用费标准、拆迁赔偿标准与当地历史平均数据或者最近数据比较，差异在30%以上是否作出专项说明。

（7）审核原有房屋拆旧是否合规。涉及原有房屋需拆旧的项目，审核可研报告是否包含拆除房屋技术鉴定，拆旧处置方案是否合理。

2.2.3.3 可研经济性审核

因电网小型基建项目实施目的多是辅助生产经营活动，不单独产生经济效益，所以可研经济性审核重点是投入成本是否合理。

（1）成本波动是否在合理范围。财务评审人员可将项目支出与该类项目的历史成本、标准成本或类似项目成本进行比较分析，差异应在合理范围之内。财务评审人员根据项目类似程度的分析及说明，判断类似项目的选取是否合理，修正系数的数据来源是否合理。可使用项目人均投资额（人均投资额＝建造总费用/公司人员数量）、单位面积投资额（单位面积投资额＝建造总费用/建造总面积）等指标与类似项目进行对比分析，差异是否在合理范围内，若差异较大，应提供说明。

（2）与市场价值比较，审核投入成本是否合理。与类似电网小型基建形成资产的市场价值比较：通过获取类似电网小型基建形成资产的公开市场价值，与投入成本进行比较，判断自行建设或直接市场购买、租赁等方式的相对可研经济性。选取的类似项目涉及的资产应为同一类资产、位于同一地域性，项目未来产生现金流量方式相同。财务评审人员审核选取的类似项目是否合理，审核公开市场价值的来源是否客观合理，投入成本高于公开市场价值的，作出的专项说明自行建设合理性。

2.2.3.4　其他方面审核

审核可行性研究报告或项目建议书的投资估算总额是否分明细列示，是否详细、合理，是否满足编制年度项目支出预算与资金支出预算的需要。

2.2.4　应用举例

2.2.4.1　项目内容

（1）项目背景。某供电所已运营20年，使用年限较长，房屋结构老化，损坏严重，存在安全隐患，计划拆除后于原址新建新的供电所。供电所办公人数为24人，属“B类供电所”（B类适用于人数21～35人的供电所）。

（2）项目规模。新建供电所总建筑面积为900平方米。项目总投资估算为690.75万元。

（3）概算表如表2－12所示。

表2－12　　概算表

序号	分部分项工程名称	费用金额（万元）	建筑面积（平方米）	单位造价（元/平方米）
一	工程费用			
（一）	建筑、安装工程费	453.78	900	5 042
1	征地费	100	900	1 111.11
2	主体结构	140.03	900	1 555.89
3	室内外装修	180	900	2 000
4	给排水	2.21	900	24.56
5	电气	12.37	900	137.44
6	弱电	5.44	900	60.44

续表

序号	分部分项工程名称	费用金额（万元）	建筑面积（平方米）	单位造价（元/平方米）
7	采暖、通风与空调	13.43	900	149.22
8	消防	0.3	900	3.33
（二）	室外配套工程费	128.41		
二	设备购置费	8.20		
三	工程建设其他费	73.79		
四	基本预备费（4%）	26.57		
五	概算总金额	690.75		

2.2.4.2　可研资料

可研资料包括可研报告、估算书、总概算表。

2.2.4.3　问题描述

（1）财务评审人员审查可研报告发现，项目计划拆除原房屋并于原址新建供电所，可研报告未对拆旧处置方案进行说明，可研资料未提供拆除房屋技术鉴定等资料，不符合“审核原有房屋拆旧是否合规”审核要点，原房屋拆除流程不合规。

（2）财务评审人员审查可研报告发现，项目涉及土地征用支出，但可研资料未提供当地政府土地出让指导价文件等资料，不符合“资料完整性”审核要点。

（3）财务评审人员审查可研报告及概算表发现，项目单位面积投资为7 675 元（690.75 万元/900 平方米），超过《国家电网公司小型基建项目建设标准》“乡镇供电所生产营业用房单位造价为建筑面积每平方米造价，每平方米造价应控制在4 100 元以内”规定，不符合“审核是否超标准或超规模新建和扩建项目”审核要点。

（4）财务评审人员审查可研报告发现，供电所新建面积900 平方米、办公人数24 人，单人建筑面积为37.5 平方米，超过《国家电网公司小型基建项目建设标准》“B 类乡镇供电所用房建筑面积控制在20 平方米/人”规定，不符合“审核是否超标准或超规模新建和扩建项目”审核要点。

（5）财务评审人员审查可研报告及概算表发现，该项目办公用房装修工程造价（包括室内、室外装修工程）占建筑安装工程费用的比例为 39.67%，超过《国家电网公司小型基建项目建设标准》“省级、市级不宜超过 35%，县级不宜超过 30%，乡级不宜超过 25%”规定，不符合“审查装修工程造价比例是否合理”审核要点。

2.2.5　评审实例

项目经济性与财务合规性评审案例如表 2－13～表 2－15 所示。

表 2－13　　项目经济性与财务合规性评审案例 1

项目类型	小型基建项目
项目名称	国网××供电公司温塘供电所
一、项目实施内容 供电所一层布置生产用房，包括收费大厅 1 间（含更衣室、自助营业厅、洽谈区、营业厅）、安全工器具室 1 间、值班室 1 间、配电间 1 间、生产工器具室 1 间、备品备件室 1 间、机房 1 间、配电班 1 间、卫生间 2 间、职工食堂 1 间（含餐厅、加工间、备餐间），共计 11 间，建筑面积为 376.26 平方米。 供电所二层布置综合管理用房，包括会议室 1 间、党团活动/职工之家 1 间、营销班 1 间、所长/副所长室 1 间、三大员 1 间、备班用房 2 间、档案室 1 间、淋浴间 1 间、卫生间 2 间，共计 11 间，建筑面积 321.97 平方米。 原供电所已运营 21 年，原有砖混结构墙面出现裂缝，屋顶存在漏雨现象，经多次维修，漏雨情况依然严重，影响正常办公及营业，经专业检测现有两栋房屋均属于 Dsu 级危房，存在安全隐患，需及时拆除。 二、可研资料情况 可研资料包括可研报告、估算书、总概算表、分结构概算表。 三、问题描述 财务评审人员审查可研报告发现，项目计划拆除原房屋并于原址新建供电所，可研报告未对拆旧处置方案进行说明，可研资料未提供拆除房屋技术鉴定等资料，不符合“审核原有房屋拆旧是否合规”审核要点，原有房屋拆除流程不合规。	

表 2－14　　项目经济性与财务合规性评审案例 2

项目类型	小型基建项目
项目名称	国网××供电公司附属用房
一、项目实施内容 该项目主要内容为建设一栋地上二层框架结构职工食堂，院落道路硬化、绿化、给排水等辅助工程。 新建生产配套用房包括职工食堂及倒班宿舍，其中职工食堂包括：餐具清洗消毒间、厨房操作间、洗菜粗加工间、主食库、副食库、更衣室、卫生间、餐厅灯；倒班宿舍设有 14 间。	

续表

二、可研资料情况 可研报告列示该供电公司现有职工 204 人，公司现有食堂 342 平方米。本次新建职工食堂 410.75 平方米，倒班宿舍面积为 410.75 平方米，总建筑面积 892.8 平方米。 三、问题描述 财务评审人员根据《国家电网公司小型基建项目建设标准》规定标准测算，该公司食堂建设面积不应超过 640.4 平方米，但可研报告列示该公司现有食堂面积 342 平方米，本次计划新建食堂面积 410.75 平方米，项目实施后食堂总面积为 752.75 平方米，超过国网文件规定标准，不符合“审核是否超标准或超规模新建和扩建项目”审核要点。

表 2-15　　项目经济性与财务合规性评审案例 3

项目类型	小型基建项目
项目名称	国网××供电公司××供电所
一、项目实施内容 目前××供电所现有房屋老旧，面积有限，供电所人数较多，导致人均使用面积不足，同时由于房屋使用年限较长，房屋挑梁、屋顶等结构老化，损坏严重，存在安全隐患。 二、可研资料情况 1. 可研报告列示项目计划新建一栋地上三层框架结构的乡镇供电所，总建筑面积 1 455 平方米。 2. 估算书列示项目总投资为 611.98 万元。 三、问题描述 财务评审人员审查可研报告及概算表发现，项目单位面积投资为 4 206.05 元，超过《国家电网公司小型基建项目建设标准》“乡镇供电所生产营业用房单位造价为建筑面积每平方米造价，每平方米造价应控制在 4 100 元以内”规定，不符合“审核是否超标准或超规模新建和扩建项目”审核要点。	

2.3　生产性技改项目

2.3.1　适用范围

生产技改项目是指利用成熟、先进、适用的技术、设备、工艺和材料等，对现有电网生产设备、设施及相关辅助设施等资产进行更新、完善和配套，以提高其安全性、可靠性、经济性和满足智能化、节能、环保等要求的项目，包括输、变、配、发电设备（含一次和二次系统）及辅助设施技术改造项目。营销、数字化设备技改不纳入生产技改管理范围。

根据项目建设规模和重要程度分为限上项目和限下项目，分类标准执行各专业管理制度。

2.3.2　制度依据

2.3.2.1　国家法规

《企业会计准则》（财会〔2006〕3号）及财政部颁布的相关新会计准则；

《中华人民共和国企业所得税法》（中华人民共和国主席令2007年第6号）；

《中华人民共和国企业所得税法实施条例》（中华人民共和国国务院令第512号）。

2.3.2.2　公司制度

《国家电网公司固定资产管理办法》（国家电网企管〔2020〕763号）；

《国家电网公司固定资产目录》（2021版）；

《国家电网公司工程财务管理办法》（国家电网企管〔2020〕763号）；

《国网电网公司生产技术改造工作管理规定》（国家电网企管〔2020〕394号）；

《国网运检部关于印发生产技术改造和设备大修原则的通知》（运检计划〔2020〕72号）；

《国网电网公司电网生产技术改造和设备大修项目可研编制与审批管理规定》（国家电网企管〔2020〕394号）。

2.3.3　审核要点

2.3.3.1　资料完整性审核

生产性技改项目必须提供以下审核资料：可研报告或项目建议书（限上项目和投资额在200万元及以上的限下项目应编制可行性研究报告，其他项目编制项目建议书）、投资估算书、单体项目效益不可测算的经济性评价指标表。

若项目计划时间超过一年，应当提供投资估算分年度明细表。

若涉及拆旧的项目，应提供拟拆除设备清单表、状态评价表及设备处置方案。

生产性技改需提供资料和数据如表2-16所示。

表 2-16　　生产性技改需提供资料和数据一览

项目名称	序号	资料名称	资料应包含的信息
生产性技改项目	1	可行性研究报告/项目建议书	项目概述、项目必要性（包括设备运行年限、设备故障及状态检修情况和设备状态评价结果等）、项目技术方案、项目经济性与财务合规性、项目拟拆除设备及主要材料处置、项目实施安排、特别事项说明等；主要设备材料清册表（包括物资来源）；拟拆除设备清单（包含资产卡片内容、拟报废日期及净值）；拟拆除设备评估鉴定表；图纸资料；其他相关资料
	2	项目投资估算书	费用计列工程量与技术方案及相关设计资料，取费标准，材料价格等依据。其中，涉及拆除工程的，应列示拆除的工程量和金额，并列明相关取费标准及计算过程
	3	单体项目效益不可测算的经济性评价指标表	选取的项目与本项目类似程度的分析及说明；本项目的投资估算额与选取的类似项目投资成本的对比分析及说明
	4	投资估算分年度明细表	
	5	拟拆除设备清单表及状态评价表	资产卡片信息，设备运行情况，设备状态评价结果

未提供表 2-16 中的资料及数据不得通过资料完整性审核。

2.3.3.2　财务合规性审核

1. 审核是否包含其他类别项目。

（1）审核是否包含电网基建项目。资产整体迁建（拆旧建新）、扩建、续建应作为电网基建项目立项。对于扩大电网规模、提高输电能力的整站、整变、整线、整间隔改造应列为电网基建项目。纳入电网基建程序管理，独立于输变电工程一次系统以外的配电自动化、通信、调度自动化新建或整体改造项目纳入基建管理。

（2）审核是否包含小型基建项目。为企业生产经营服务的调度控制、生产管理、运行检修、营销服务、物资仓储、科研实验、教育培训用房和其他非经营性生产配套设施的新建、扩建和购置应列为小型基建项目。

（3）审核是否包含生产辅助技改大修项目。项目实施内容中若存在对非生产性房屋（办公用房、会议中心、培训中心、独立车库）及其配套设备设施改造、教育培训设施的更新维护项目应纳入生产辅助技改大修管理。

（4）审核是否包含固定资产零购支出。公司固定资产目录内未纳入工程项目管理、可以独立发挥作用且无建筑安装工程量的设备、仪器仪表、工器具及运输工具等固定资产购置，应纳入固定资产零星购置项目管理。

（5）审核是否包含营销项目。0.4kV 低压接户线以上（户表前）设备改造纳入生产性技改范围，贸易结算计量装置更换等纳入营销项目。

（6）审核是否包含数字化项目。一体化集团企业级信息集成平台（简称一体化平台）、业务应用、数字化保障体系建设改造等投入应纳入数字化项目。

（7）审核是否包含其他项目。根据项目的基本情况和实施内容的详细描述，审核投资估算书中的拟购置的设备及材料数量是否与技改内容中描述相符。若设备数量不一致，则应进行专项说明；若材料数量不一致，则应落实清单中多出的设备是否为备品备件。备品备件购置不列为生产性技改项目。

2. 审核是否存在分拆立项。生产性技改项目应以主体技改工程和与之配套的工程（含土建）为单位立项，严禁将一个独立项目分拆立项。财务评审人员根据可研报告（项目建议书）中拟改造资产的阐述、本次技改的详细内容，判断该项目是否存在与之配套的工程，询问业务部门是否将与之配套的工程单独立项。

对于技改项目，财务评审人员可通过搜索关键字，查看可研评审明细表中是否存在属于同一项目的不同阶段，或项目实施内容为同一对象的项目，是否存在针对同一项资产的技改项目，结合可研报告判别是否属于分拆立项。

财务评审人员在参与可研论证和审查过程中，若发现存在将一个独立工程分拆立项的情况，应要求项目申报部门作为同一项目重新立项。

3. 审核是否存在不合理频繁改造的情况。财务评审人员在审查项目的基本情况时，根据资产入账时间、折旧年限，计算资产的成新率，并筛选近三年技改项目储备明细表，通过关键字搜索查看是否存在相同资产技改的记录。原则上，投运两年以内的新建项目不安排技改，此外，对于资产成新率大于 0.5（各单位按实际情况进行适当调整，同时也可增加资产净值作为参考基准）且 3 年内存在技改记录的项目，业务部门应作出专项说明。对于近年来多次改造的项目，应将技术改造方案与重新购建方案进行对比，确定技术改造是否经济可行。

4. 审核是否准确划分资本性支出与成本性支出。予以资本化的生产性技改项目支出，除应具备显著提升原资产的输电量、变电容量，降低损耗等提升资产效益的技术指标以外，还须至少满足下列条件之一：

（1）项目中更换或新增设备组部件的，项目支出达到取得固定资产时的计税基础（固定资产原值）50%以上。

（2）延长固定资产的使用年限2年（含2年）以上（此处固定资产确定为固定资产二级目录范围，三级目录重要组成设备不视为独立固定资产）。

5. 审核项目投资中其他费用支出是否合理。审核项目投资中其他费用支出是否合理，是否存在无合理依据估列的支出内容，是否存在项目后评价费等无法在工程完工以前发生的预留性费用，建设期贷款利息等费用有无漏项或重复计列。

6. 审核拆旧物资数量及处理方案是否合理。财务评审人员应关注：新增项目和不改变设备组部件的项目是否明确无拆旧，其他项目是否说明拟进行改造设备（部件）的回收处置范围、技术鉴定意见。按照拆除物资再利用、拟报废或拟入库三种处置方式，审核后续处置方案是否合理，是否经过管理部门签字盖章同意。

7. 审核费用计列是否合规。审核费用编制依据、费用构成、计算标准、项目及费用性质划分合理性、规范性；审核相关定额套用的合理性。

8. 审核资金来源是否合规。

（1）审核可研报告估算书编制说明中资金来源信息描述是否完整。可研报告估算书编制说明应明确工程资金来源及比例，融资利率；资金来源为外部出资的应提供有关文件，包括但不限于：投资划分协议、战略合作协议等。

（2）审核建设期贷款利息计列金额是否合理，贷款比例是否与资金来源文件约定一致；贷款利息资本化期间是否与项目预计工期一致；贷款利率是否为编制期中国人民银行公布市场报价利率（LPR）。

2.3.3.3 可研经济性审核

项目可研经济性主要审核费用计列工程量与技术方案及相关设计资料的一致性、准确性；审核费用编制依据、费用构成、计算标准、项目及费用性质划分合理性、规范性；审核相关定额套用的合理性，其他费用计列的合理性，有无漏项或重复计列。

1. 审核投入成本合理性。对于有 2 个及以上可选技术方案的项目，不同方案间经济性比较要综合考虑项目在规划、设计、制造、安装、运维、检修、退运处置全过程中所发生的总费用，按照全生命周期成本（LCC）计算方法，对不同技术方案的初始投入成本、运维成本、检修成本、故障成本、退运处置成本等进行全面计算归集，采用成本比较法或成本—效益比较法对项目实施的经济效益进行评价，也可以根据实际情况进行适当简化。

计算公式为：

$$LCC = CI + CO + CM + CF + CD \quad (2.3.3.3-1)$$

其中，CI 表示初始投入成本；CO 表示运维成本；CM 表示检修成本；CF 表示故障成本；CD 表示退运处置成本。

（1）对经济效益（EB）相同的方案，可直接采用成本比较法。计算不同方案在全生命计算周期内的成本之和，并折算到年均费用，比较不同方案的年均 LCC 值。年均 LCC 值越小，表示该方案所需成本越低，选择年均 LCC 值最小的方案为最优方案。

（2）对经济效益（EB）有明显差异的方案，应采用成本—效益比较法。计算不同方案在全生命计算周期内的成本与效益之差，并折算到年均费用，比较不同方案的年均 LCC—EB 值。年均 LCC—EB 值越大，表示该方案所需成本与效益之差越低，以成本与效益之差最小者为优。

2. 审核物资成本估算经济性。确保工程质量的前提下，审核项目所需物资是否优先使用库存物资，物资成本测算依据与物资来源是否一致。

2.3.3.4 其他方面审核

审核可行性研究报告或项目建议书的投资估算总额是否分明细列示，是否详细、合理，是否满足编制年度项目支出预算与资金支出预算的需要。

2.3.4 应用举例

2.3.4.1 项目内容

（1）项目概况。该项目相关的油色谱在线监测装置于 2×21 年 10 月 21 日投运，项目评审会于 2×22 年 4 月 13 日召开。

（2）工程规模。拆除油色谱在线监测装置共27台，报废处置。将上述装置进行改造，更换为A级油色谱在线监测装置，确保电网、设备安全运行。

（3）项目技术方案。

项目可选方案：

方案一，选用普通A级油色谱在线监测装置。

方案二，选用试验室精度级油色谱在线监测装置。

技术方案比选（略）。

（4）项目购置清单。设备及材料表如表2-17所示。

表2-17 设备及材料表

序号	设备名称	型号及规范	单位	数量	备注
1	油色谱在线监测装置	待定	台	27	
2	笔记本电脑	i5	台	1	

2.3.4.2 可研资料

可研资料包括可研报告、估算书、设计图纸。

2.3.4.3 问题描述

（1）财务评审人员审查可研报告发现，项目计划拆除并更换油色谱在线监测装置27台，可研资料未提供拟拆除设备清单表、状态评价表及设备处置方案等资料，不符合“审核拆旧物资数量及处理方案是否合理”审核要点。

（2）财务评审人员审查拟购置清单发现，该项目购置材料（设备）中存在“笔记本电脑1台”，该内容属于《国家电网有限公司固定资产目录》范畴，可以独立发挥作用且无建筑安装工程量的设备，应通过固定资产零购项目进行购置。

（3）财务评审人员审查可研报告发现，项目相关资产于2×21年10月投运，截至评审会召开之日（2×22年4月14日），该项目投运时间未超过2年，原则上不安排技改，且业务部门未对该项目紧急性、必要性作出专项说明，不符合“审核是否存在不合理频繁改造的情况”审核要点。

（4）财务评审人员审查可研报告发现，项目涉及两种及以上更换方案，缺少对两种方案的LCC比选分析，不符合“审核投入成本合理性”审核要点，项目经济性不充分。

2.3.5　评审实例

项目经济性与财务合规性评审案例如表 2－18～表 2－21 所示。

表 2－18　　项目经济性与财务合规性评审案例 1

<table>
<tr><td>项目类型</td><td>生产技改项目</td></tr>
<tr><td>项目名称</td><td>国网××供电公司××35kV××站 10kV 开关柜更换</td></tr>
<tr><td colspan="2">一、项目实施内容
更换 35kV××站 10kV 开关柜。
二、可研资料情况
1. 项目建议书附录 2 列示拆除开关柜 15 面。
2. 拆除设备清单列示拆除开关柜 14 面。
三、问题描述
财务评审人员审查项目建议书发现，建议书附录 2 列示计划拆除开关柜 15 面，但拆除设备清单仅列示拆除开关柜 14 面，拆除数量不对应，不符合“审核拆旧物资数量及处理方案是否合理”审核要点，拆旧流程不合规。</td></tr>
</table>

表 2－19　　项目经济性与财务合规性评审案例 2

<table>
<tr><td>项目类型</td><td>生产技改项目</td></tr>
<tr><td>项目名称</td><td>国网××供电公司 110kV××Ⅰ线智慧输电线路建设</td></tr>
<tr><td colspan="2">一、项目实施内容
以输电专业顶层设计典型应用场景为设计基础，结合该条线路目前建设情况、所处位置地形地貌、气象特点等因素，深度应用北斗定位、短报文通信等技术，选取场景开展深化设计与落地应用。
二、可研资料情况
可研报告“3. 项目技术方案”情况如图 2－2 所示。

3. 项目技术方案
3.1 项目可选方案
方案 1：采用传统在线监测方案。
方案 2：采用符合物联网架构和传输协议的传感器和满足智慧输电线路建设标准的方案。
3.2 方案比选
传统在线监测传感器各装置为独立的分散子系统，没有统一的架构与通信协议，数据格式与通信规约不统一，存在各类传感器和各个厂家各自管理的问题，不利于设备高效安全运行。
符合国网物联网规约的传感器，满足总部物联网通信协议和规约要求，可提供高效率、高安全的设备状态感知和数据传输，有利于设备高效、安全、可靠运行，有利于降低运维成本。
3.3 方案选择
通过上述比较，方案 2 在安全、效率和成本方面优于方案 1，因此选择方案 2。

图 2－2　项目技术方案</td></tr>
</table>

续表

三、问题描述 财务评审人员审查可研报告发现，项目涉及两种及以上更换方案，缺少对两种方案的 LCC 比选分析，不符合“审核投入成本合理性”审核要点，项目经济性不充分。

表 2－20　项目经济性与财务合规性评审案例 3

项目类型	生产技改项目
项目名称	500kV××站等 5 座变电站主变等 27 台油色谱在线监测装置更换
一、项目实施内容 更换 500kV××站等 5 座变电站主变等 27 台油色谱在线监测装置。 二、可研资料情况 1. 项目相关的油色谱在线监测装置使用寿命为 8 年。 2. 项目建议书列示 500kV 辛集站油色谱在线监测装置于 2015 年投运。 三、问题描述 财务评审人员审查项目建议书发现，500kV 辛集站油色谱在线监测装置于 2015 年投运，项目计划于 2022 年实施，截至项目实施年度，上述装置未达到运行年限（8 年），项目实施必要性不充分。	

表 2－21　项目经济性与财务合规性评审案例 4

项目类型	生产技改项目
项目名称	500kV××站等 2 座、变电站 500kV××III 线 6 台在线监测装置更换
一、项目实施内容 更换 500kV××站等 2 座、变电站 500kV××线等 6 台在线监测装置，原老旧设备进行报废处理。 二、可研资料情况 可研资料包括项目建议书、估算书。 三、问题描述 财务评审人员审查项目建议书发现，项目涉及 6 台在线监测装置拆除更换及老旧设备报废，未提供拟拆除设备清单、拟拆除设备评估鉴定表等资料，不符合“审核拆旧物资数量及处理方案是否合理”审核要点。	

2.4　生产性大修项目

2.4.1　适用范围

生产大修指为恢复资产（包括设备、设施以及辅助设施等）原有形态和能力，按项目制管理的修理性工作。电网生产设备大修不增加固定资产原值，是企业一种损益性支出。

生产设施及附属（辅助）设施包括电网一次设备、变电站自动化系统、调度自动化系统、继电保护及安全自动装置、电力通信系统、自动控制设备、电网生产建筑物、构筑物等辅助及附属设施、安全技术劳动保护设施、非贸易结算电能计量装置、监测装置等。

生产大修项目根据项目投资规模和重要性程度，可分为限上项目和限下项目，分类标准执行各专业管理制度。

2.4.2　制度依据

2.4.2.1　国家法规

《企业会计准则》（财会〔2006〕3 号）及财政部颁布的相关新会计准则；

《中华人民共和国企业所得税法》（中华人民共和国主席令 2007 年第 6 号）；

《企业所得税法实施条例》（中华人民共和国国务院令第 512 号）。

2.4.2.2　公司制度

《国网电网有限公司电网生产设备大修工作管理规定》（国家电网企管国网〔2020〕394 号〈运检/2〉158－2020）；

《国网运检部关于印发生产技术改造和设备大修原则的通知》（运检计划〔2020〕72 号）；

《国网电网公司电网生产技术改造和设备大修项目可研编制与审批管理规定》（国家电网企管〔2020〕394 号〈运检/3〉316－2020）。

2.4.3　审核要点

2.4.3.1　资料完整性审核

生产性大修项目必须提供以下审核资料：可研报告或项目建议书（限上项目、涉及原设计方案变化或土建工程且单项费用总额在 100 万元及以上的限下项目，应当编制项目可行性研究报告，其他限下项目可以仅编制项目建议书）、投资估算书、单体项目效益不可测算的经济性评价指标表。

若涉及拆旧的项目，应提供拟拆除设备清单及状态评价表。

生产性大修需提供资料和数据如表2-22所示。

表2-22　　生产性大修需提供资料和数据一览

项目名称	序号	资料名称	资料应包含的信息
生产性大修项目	1	可行性研究报告/项目建议书	项目基本信息描述；项目必要性论证；项目技术方案；投资估算总额；拟拆除设备清单；主要拟拆除设备评估鉴定表，设备处置方案；主要设备材料清册表；图纸资料；其他相关资料。 拟修理资产现状的详细描述，应包括项目所涉及原有设备的运行现状、资产卡片编号、初始建设日期、修理内容及金额、历史改造（修理）记录及金额、资产净值等
	2	项目投资估算书	投资估算总额及相关说明，包括工程规模简述、估算编制说明等，投资估算总额需按照建筑工程费、安装工程费、设备购置费及其他费用分别列示。各项费用应计列工程量、取费定额及费用编制依据，主要设备材料应列示清单，其他费用应列示明细内容和金额
	3	投资估算分年度明细表	
	4	拟拆除设备清单表及状态评价表	资产卡片信息，设备运行情况，设备状态评价结果

未提供表2-22中的资料及数据不得通过资料完整性审核。

2.4.3.2　财务合规性审核

1. 审核是否包含其他类别项目。

（1）审核是否包含生产性技改项目。项目完成后带来经济利益增加的可能性基本可以确定、增加原有固定资产价值或形成新的固定资产的，应作为生产性技改项目；不增加固定资产原值的，作为生产性大修项目。

（2）审核是否包含生产辅助大修项目。对于办公用房（综合办公楼）、会议中心、培训中心、独立车库及其配套设施、教育培训设施的维修装饰纳入生产辅助大修管理，生产用房、仓库维修纳入生产大修管理。

（3）审核是否包含零购项目。查看拟购置资产清单，审核是否存在公司固定资产目录内未纳入工程项目管理、可以独立发挥作用且无建筑安装工程量的设备、仪器仪表、工器具及运输工具等固定资产购置。

（4）审核是否包含营销项目。0.4kV 低压接户线以上（户表前）设备修理纳入生产性大修范围，贸易结算计量装置维护、改造等纳入营销项目。

（5）审核是否包含数字化项目。各种信息平台建设、升级改造、业务应用与集成、数字化保障体系等纳入数字化项目。

（6）审核是否包含其他项目。根据项目基本情况和实施内容的详细描述，审核投资估算书中拟购置资产数量是否与项目情况相符，对于有出入的设备，询问是否存在备品备件购置，备品备件购置不列为生产大修项目；对于日常运维管理和设备试验、检测，线路走廊伐树、变电站清扫、车辆保养等费用，应纳入标准成本核算，不列入大修项目管理；没有具体修理对象或修理对象较多而单个对象修理费用较低，应列入日常运行成本，不应列入生产性大修项目。

2. 审核是否分拆立项。生产性大修项目必须针对单一项目单位，同一项目单位内部的生产性大修工程可按站、线或同类设备立项，不允许将一个独立项目（同一台设备、同一条线路）分解成几个项目。

对于大修项目，财务评审人员可通过搜索关键字，查看可研评审明细表中是否存在属于同一项目的不同阶段，或项目实施内容为同一对象的项目，是否存在针对同一项资产的大修项目，结合可研报告判别是否属于分拆立项。

财务评审人员在参与可研论证和审查过程中，若发现存在将一个独立工程分拆立项的情况，应要求项目申报部门作为同一项目重新立项。

3. 审核是否存在不合理频繁修理的情况。业务部门应在可行性研究报告或项目建议书中详细描述拟大修资产现状，包括项目所涉及设备的运行现状、资产卡片编号、初始建设日期、修理内容等。

财务评审人员在审查项目基本情况时，根据资产入账时间、折旧年限，计算资产成新率，并筛选近 3 年技改大修项目储备明细表，通过关键字搜索查看是否存在相同资产技改或大修的记录，原则上对于资产成新率大于 0.5（各单位按实际情况进行适当调整，同时也可增加资产净值作为参考基准）且 3 年内存在技改、大修记录的项目，业务部门应作出专项说明。

4. 审核是否准确划分资本性支出与成本性支出。予以成本化的生产性大修项目支出，应同时满足以下条件：后续支出未达到取得固定资产时的计税基础（固定资产原值）50%以上；延长固定资产的使用年限无法达到2年（含2年）以上。

5. 审核拆旧物资数量及处理方案是否合理。财务评审人员应关注：投资估算中拟购置设备（资产）清单是否与拆旧物资清单具有数量上的对应关系，若因项目拆改迁规模或布局变动较大等合理原因，以致数量无法对应的设备（资产）需要作出专项说明。重点审核拆旧物资处置、利用方案是否合理，是否经过管理部门签字盖章同意，对于净值率大于0.5且净值大于10万元的资产，应考虑是否将其再利用，对于直接报废的资产，需有技术鉴定及无回收价值的说明。

2.4.3.3 可研经济性审核

项目可研经济性主要审核费用计列工程量与技术方案及相关设计资料的一致性、准确性；审核费用编制依据、费用构成、计算标准、项目及费用性质划分合理性、规范性；审核相关定额套用的合理性，其他费用计列的合理性，有无漏项或重复计列。

对于有2个及以上可选技术方案的项目，不同方案间经济性比较要综合考虑项目在规划、设计、制造、安装、运维、检修、退运处置全过程中所发生的总费用，按照全生命周期成本（LCC）计算方法，对不同技术方案的初始投入成本、运维成本、检修成本、故障成本、退运处置成本等进行全面计算归集，采用成本比较法或成本—效益比较法对项目实施的经济效益进行评价，也可以根据实际情况进行适当简化。

计算公式为：

$$LCC = CI + CO + CM + CF + CD \qquad (2.4.3.3-1)$$

其中，CI表示初始投入成本；CO表示运维成本；CM表示检修成本；CF表示故障成本；CD表示退运处置成本。

（1）对经济效益（EB）相同的方案，可直接采用成本比较法。计算不同方案在全寿命计算周期内的成本之和，并折算到年均费用，比较不同方案的年均 LCC 值。年均 LCC 值越小，表示该方案所需成本越低，选择年均 LCC 值最小的方案为最优方案。

（2）对经济效益（EB）有明显差异的方案，应采用成本—效益比较法。计算不同方案在全生命计算周期内的成本与效益之差，并折算到年均费用，比较不同方案的年均 LCC—EB 值。年均 LCC—EB 值越大，表示该方案所需成本与效益之差越低，以成本与效益之差最小者为优。

2.4.3.4 其他方面审核

审核可行性研究报告或项目建议书的投资估算总额是否分明细列示，是否详细、合理，是否满足编制年度项目支出预算与资金支出预算的需要。

2.4.4 应用举例

2.4.4.1 项目内容

（1）项目概况。项目相关主变压器于 2×15 年 10 月投运（资产原值 500 万元，预计使用时间 25 年，净残值率为 5%），评审会于 2×22 年 4 月召开。

（2）工程规模。对发生故障××站#3 主变 C 相拆卸后返厂进行维修。

（3）项目技术方案。

项目可选方案：

方案一，主变压器大修。

方案二，更换等容量变压器。

技术方案比选：

方案一投资 1 300 万元。

方案二投资 2 900 万元。

方案一较方案二少投资少 1 600 万元，主要差异体现在方案一主变为返厂大修，方案二为新购主变，方案一主变设备费用小。全生命周期成本较低，故推荐方案一。

（4）近三年修改记录。2×20 年 10 月 3#主变维修。

（5）项目购置清单。设备及材料表如表 2-23 所示。

表 2 – 23　　设备及材料表

序号	设备名称	型号及规范	单位	数量	备注
1	……	……	……	……	
……	……	……	……	……	
……	笔记本电脑	i5	台	1	

2.4.4.2　可研资料

可研资料包括可研报告、估算书、设计图纸。

2.4.4.3　问题描述

（1）财务评审人员审查拟购置清单发现，该项目购置材料（设备）中存在“笔记本电脑 1 台”，该内容属于《国家电网有限公司固定资产目录》范畴，可以独立发挥作用且无建筑安装工程量的设备，应通过固定资产零购项目进行购置，该购置行为不符合“审核是否包含其他类别项目”审核要点。

（2）财务评审人员审查可研报告发现，项目相关资产于 2×20 年 10 月通过生产性大修项目进行一次维修，截至评审会召开之日（2×22 年 4 月），该项目资产成新率大于 0.5 且业务部门未对该项目紧急性、必要性作出专项说明，不符合“审核是否存在不合理频繁改造的情况”审核要点。

（3）财务评审人员审查可研报告发现，项目涉及两种及以上更换方案，缺少对两种方案的 LCC 比选分析，不符合“审核投入成本合理性”审核要点，项目经济性不充分。

2.4.5　评审实例

项目经济性与财务合规性评审案例如表 2 – 24 ~ 表 2 – 25 所示。

表 2 – 24　　项目经济性与财务合规性评审案例 1

<table>
<tr><td>项目类型</td><td>生产大修项目</td></tr>
<tr><td>项目名称</td><td>国网××检修公司 500kV××站 3 号主变大修工程</td></tr>
<tr><td colspan="2">一、项目实施内容
×站#3 主变 C 相中压套管发生内部短路故障，需使用现场备用相主变进行更换。拆除的故障相运输至保变进行大修，维修后重新运回××站作为备用相。
二、可研资料情况
可研报告“3. 项目技术方案”情况如图 2 – 3 所示。</td></tr>
</table>

续表

<table>
<tr><td colspan="2">

3．项目技术方案

3.1　项目可选方案

方案一，主变压器大修。

方案二，更换等容量变压器。

3.2　技术方案比选

3.2.1　安全方面比较

4 号主变设计寿命为 30 年，于 2013 年 7 月投运，剩余寿命 17 年。此时进行大修可以保证变电站运行的安全性。但与将 4 号主变直接更换为等容量新变压器相比，方案二更换变压器安全性更高。

3.2.2　效能方面比较

方案二更换为全新的变压器，变压器制造技术有所提高，相比较而言，方案二优于方案一。

3.2.3　技术方案选择

通过以上比较论证，选择综合性指标最优的方案一作为项目改造实施方案。

图 2－3　项目技术方案

三、问题描述

财务评审人员审查可研报告发现，项目涉及两种及以上维修方案，缺少对两种方案的 LCC 比选分析，不符合“审核投入成本合理性”审核要点。

</td></tr>
</table>

表 2－25　　项目经济性与财务合规性评审案例 2

<table>
<tr><td>项目类型</td><td>生产大修项目</td></tr>
<tr><td>项目名称</td><td>国网××检修公司 500kV××等 2 站长园深瑞继电保护装置大修</td></tr>
<tr><td colspan="2">

一、项目内容

维修 500kV××等 2 站继电保护装置。

二、可研资料情况

项目相关继电保护装置投运时间如图 2－4 所示。

设备基本情况	××等 2 站继电保护装置于 2019 年、2020 年投运

图 2－4　设备基本情况

三、问题描述

财务评审人员审查项目建议书发现，计划修理部分设备的投运时间为 2020 年，项目计划于 2022 年实施，截至项目实施年度，上述 2020 年投运的设备运行年限不足 3 年，不符合“审核是否存在不合理频繁修理的情况”审核要点。

</td></tr>
</table>

2.5 生产辅助技改项目

2.5.1 适用范围

生产辅助技改是指对生产辅助房屋（办公用房、会议中心、教育培训、周转住房）结构分系统、围护分系统（含室外）和设备设施的给水排水、供热采暖、空调通风、电气、电梯、建筑智能化分系统进行更新、完善和配套改造，以提高其安全性、可靠性、经济性，满足智能化、节能、环保等要求的技术改造工作。

项目根据投资规模分为限上项目、限下项目和零星项目，分类标准执行各专业管理制度。

2.5.2 制度依据

2.5.2.1 国家法规

《企业会计准则》（财会〔2006〕3号）及财政部颁布的相关新会计准则；

《中华人民共和国企业所得税法》（中华人民共和国主席令2007年第63号）；

《中华人民共和国企业所得税法实施条例》（中华人民共和国国务院令2007年第512号）。

2.5.2.2 公司制度

《国家电网公司生产辅助技改、大修项目管理办法》（国家电网企管〔2019〕590号）；

《国家电网公司固定资产管理办法》（国家电网企管〔2020〕763号）；

《国家电网公司工程财务管理办法》（国家电网企管〔2020〕763号）。

2.5.3 审核要点

2.5.3.1 资料完整性审核

生产辅助技改项目必须提供以下审核资料：可研报告或项目建议书、投资估算书等。除零星项目（单项投资总额在100万元以下的项目）可编制项目建议书外，其他项目应编制项目可行性研究报告。若项目计划时间超过1年，应当提供投资估算分年度明细表。

若涉及拆旧的项目，应提供拟拆除设备清单表及状态评价表。

生产辅助技改需提供资料和数据如表2-26所示。

表2-26　生产辅助技改需提供资料和数据一览

项目名称	序号	资料名称	资料应包含的信息
生产辅助技改项目	1	可行性研究报告/项目建议书	①项目基本情况：拟改造资产现状的详细描述，包括资产卡片编号、初始建设日期、资产原值、资产净值、历史改造记录及金额、本次技改的详细内容、提升资产性能或使用寿命的明确说明。 ②项目实施必要性，应当对项目改造原因及必要性进行阐述，对于老化、老旧或与周围环境不相适应资产等的改造项目，应当附有资产或者环境现状的图片以及其他证明项目改造必要性的直接证据。 ③对项目实施进度和项目时间节点的合理估计，包括设计、预计开工、物资到货、竣工等时间节点
	2	项目投资估算书	投资估算总额及相关说明，包括工程规模简述、估算编制说明等，投资估算总额须按照建筑工程费、安装工程费、设备购置费及其他费用分别列示。主要设备材料应列示清单，其他费用应列示明细内容和金额，其中预留性费用应详细说明相关依据
	3	投资估算分年度明细表	
	4	拟拆除设备清单表及状态评价表	资产卡片信息，设备运行情况，设备状态评价结果。拟拆除设备及可重复利用设备清单及拆旧物资设备回收、利用或处置方案

未提供表2-26中的资料及数据不得通过资料完整性审核。

2.5.3.2　财务合规性审核

1. 审核是否包含其他类别项目。

（1）审核是否包含小型基建项目。生产辅助技改是对原有资产进行改造，提升性能、延长使用寿命的项目，生产辅助房屋的整体迁建、原址拆建和扩建，应作为小型基建项目立项。

（2）审核是否包含固定资产零购支出。根据主要设备材料清单，审查项目中是否有属于固定资产零星购置范围内的资产更新，应将其纳入固定资产零星购置项目管理，单独立项。

2. 审核是否存在分拆立项。生产辅助技改项目应以主体技改工程和与之配套的工程（含土建）为单位立项，严禁将一个独立项目分拆立项。财务评审人员根据可研报告（项目建议书）中拟改造资产阐述、本次技改的详细内容，判断该项目是否存在与之配套的工程，同时询问业务部门是否将与之配套的工程单独立项。

对于生产辅助技改项目，财务评审人员可通过搜索关键字，查看可研评审明细表中是否存在属于同一项目的不同阶段，或项目实施内容为同一对象的项目，是否存在针对同一项资产的技改项目，结合可研报告判别是否属于分拆立项。

财务评审人员在参与可研论证和审查过程中，若发现存在将一个独立工程分拆立项的情况，应要求项目申报部门作为同一项目重新立项。

3. 审核是否存在不合理频繁改造的情况。生产辅助技改项目同一内容两次技改的间隔时间应满足国家电网公司有关规定，原则上对于资产成新率大于 0.5（各单位按实际情况进行适当调整，同时也可增加资产净值作为参考基准）且 3 年内存在技改记录的项目，应要求作出专项说明。对于近年来多次改造的项目，应将技术改造方案与重新购建方案进行对比，确定技术改造是否经济可行。

4. 审核是否准确划分资本性支出与成本性支出。予以资本化的生产辅助技改项目支出，至少应满足下列条件之一：

（1）后续支出达到取得固定资产时的计税基础 50% 以上。

（2）延长固定资产的使用年限 2 年（含 2 年）以上。

5. 审核项目投资中其他费用支出是否合理。审核项目投资中其他费用支出是否合理，是否存在无依据估列的支出内容。

6. 审核拆旧设备物资数量及处置方案是否合理。财务评审人员应关注：投资估算中拟购置设备（资产）清单是否与拆旧物资清单具有数量上的对应关系，若因项目拆改迁规模或布局变动较大等合理原因，以致数量无法对应的设备（资产）需要作出专项说明。审核拆旧物资处置、利用方案是否合理，重点关注净值率大于 0.5 且净值大于 10 万元的资产，应考虑是否将其再利用，对于直接报废的资产，需有技术鉴定及无回收价值的说明。审核在项目可行性研究报告中是否包含拟拆除设备技术鉴定，按照拆除物资拟于本工程再利用、拟报废或拟入库三种方式，审核后续处置方案是否合理，处置方案文件是否经过管理部门签字盖章同意。

7. 审核恢复性项目方案与实际情况是否一致。财务评审人员应关注：因自然灾害造成的恢复性项目，须将项目技改、维修方案与一切保险报案及现场勘查情况进行比对，审核项目方案与实际情况是否一致。

2.5.3.3　可研经济性审核

通过将该项目成本投入与类似项目成本、历史成本等进行比较，来衡量成本投入是否合理及成本的波动是否在合理范围内。选取的类似项目涉及的资产应为同一类资产，资产应处于同一地域，所利用的技术、设备、工艺等方面应具有相似性，项目实施的目的应类似。财务评审人员根据类似项目类似程度的分析及说明，判断类似项目的选取是否合理。

2.5.3.4　其他方面审核

审核可行性研究报告或项目方案的投资估算总额是否分明细列示，是否详细、合理，是否满足编制年度项目支出预算与资金支出预算的需要。

2.5.4　应用举例

2.5.4.1　项目内容

（1）项目背景。供电所于 1992 年建成投运，占地面积 683.82 平方米，建筑面积 3 387.6 平方米，共 5 层，为砖混结构，主要用途为办公。受上月特大暴雨影响，该供电所屋顶、墙面、空调、电灯等受灾严重，无法正常使用。本次主要是对本楼的空调分系统、围护分系统及装饰装修分系统等配套设施进行改造。

（2）项目规模。对现有供电所的空调分系统中单体壁挂空调进行技改、电气设备改造及室内装修、屋顶防水等，改造面积 3 387.6 平方米。

其中空调系统改造主要包括：更换空调器分别为：规格为 × ×，共计

24 台。

电气分系统包括：荧光灯 130 套、温控开关 130 支、配电箱 6 台、配管 1 384. 27 米、配线5 598. 89 米、电缆保护管28. 15 米、电力电缆48. 31 米、电力电缆头 5 个。

（3）设备材料清单。设备材料清单如表 2 –27 所示。

表 2 –27　　设备材料清单

序号	材料名称	型号规格	数量	单位
1	壁挂式空调	……	台	28
2	……	……	……	……
3	……	……	……	……

2. 5. 4. 2　可研资料

可研资料包括可研报告、估算书。

2. 5. 4. 3　问题描述

（1）财务评审人员审查可研报告发现，该项目因自然灾害须进行恢复性维修，可研资料未提供保险报案及现场勘查情况，无法审核项目方案与实际情况是否一致，不符合“资料完整性”“审核恢复性项目方案与实际情况是否一致”审核要点。

（2）财务评审人员审查可研报告发现，项目涉及 24 台空调器拆除更换，可研资料未提供拟拆除设备清单、拟拆除设备评估鉴定表及设备处置方案等资料。不符合“审核拆旧设备物资数量及处置方案是否合理”审核要点，拆旧流程不合规。

（3）财务评审人员审查设备材料清单及可研报告发现，壁挂式空调购置数量与拆旧数量不一致，且未提供相关说明，不符合“审核拆旧物资数量及处理方案是否合理”审核要点。

2. 5. 5　评审实例

项目经济性与财务合规性评审案例如表 2 –28 所示。

表 2-28　项目经济性与财务合规性评审案例

项目类型	生产辅助技改项目
项目名称	国网××供电公司××等 3 个供电所综合改造
一、项目实施内容 1. 对国网河北××供电所的空调冷热源系统、空调水系统、吊顶及内墙等进行技改，改造面积约为 658.07 平方米。 2. 对国网河北××供电所的空调冷热源系统、空调水系统、吊顶及内墙等进行技改，改造面积约为 740 平方米。 3. 对国网河北××供电所的空调冷热源系统、空调水系统、吊顶及内墙等进行技改，改造面积约为 900 平方米。 二、可研资料情况 可研资料包括可研报告、估算书、造价汇总表。 三、问题描述 财务评审人员审查可研报告发现，项目涉及大量空调拆除更换，未提供拟拆除设备清单、拟拆除设备评估鉴定表等资料，不符合“审核拆旧设备物资数量及处置方案是否合理”审核要点，拆旧流程不合规。	

2.6　生产辅助大修项目

2.6.1　适用范围

生产辅助大修属于成本性支出，是为恢复现有非生产性房屋（办公用房、会议中心、教育培训、周转住房）的结构、围护（含室外）、装饰装修分系统和设备设施的给水排水、供热采暖、空调通风、电气、电梯、建筑智能化分系统原有形态、作用和功能，满足环境、工作的要求，确保安全运行所进行的维修工作。

生产辅助大修项目按照资金规模分为限上、限下、零星项目，分类标准执行各专业管理制度。

2.6.2　制度依据

2.6.2.1　国家法规

《企业会计准则》（财会〔2006〕3 号）及财政部颁布的相关新会计准则；

《中华人民共和国企业所得税法》（中华人民共和国主席令 2007 年第

6号）；

《中华人民共和国企业所得税法实施条例》（中华人民共和国国务院令第512号）。

2.6.2.2　公司制度

《国家电网公司非生产性技改、大修项目管理暂行办法》（国家电网企管〔2019〕590号）。

2.6.3　审核要点

2.6.3.1　资料完整性审核

生产辅助大修项目必须提供以下审核资料：可研报告或项目建议书、投资估算书等。除零星项目（单项投资总额在100万元以下的项目）可编制项目建议书外，其他项目应编制项目可行性研究报告。

若涉及拆旧的项目，应提供拟拆除设备清单及状态评价表。

生产辅助大修需提供资料和数据如表2－29所示。

表2－29　　生产辅助大修需提供资料和数据一览

项目名称	序号	资料名称	资料应包含的信息
生产辅助大修项目	1	可行性研究报告/项目建议书	项目基本情况，拟修理资产现状的详细描述，包括项目所涉及原有设备的运行现状、资产卡片编号、初始建设日期、修理内容及金额、近3年改造（修理）记录及金额、资产净值等。项目大修恢复资产性能的明确说明
	2	项目投资估算书	投资估算总额及相关说明。包括工程规模简述、估算编制说明等，投资估算总额须按照建筑工程费、安装工程费、设备购置费及其他费用分别列示。主要设备材料应列示清单，其他费用应列示明细内容和金额
	3	投资估算分年度明细表	
	4	拟拆除设备清单表及状态评价表	资产卡片信息，设备运行情况，设备状态评价结果。拟拆除设备及可重复利用设备清单及拆旧物资设备回收、利用或处置方案

未提供表2－29中的资料及数据不得通过资料完整性审核。

2.6.3.2　财务合规性审核

1. 审核是否包含其他类别项目。

（1）审核是否包含生产辅助技改项目。项目完成后带来经济利益增加可能性基本可以确定的，增加原有固定资产原值或形成新的固定资产的，应作为生产辅助技改项目。

（2）审核是否包含生产性大修项目。对于与电力生产有关的生产用房、电网（厂）生产建筑物、构筑物等辅助及附属设施、设备的大修，如变电站房屋、物资仓库维护、电厂大坝的维修等应作为生产性大修管理。

（3）审核是否包含固定资产零星购置项目。如果有属于固定资产零星购置范围内的资产更新，应该将该项固定资产采购纳入固定资产零星购置项目管理，单独立项。

（4）审核是否存在应列入日常运维成本的项目。对于没有具体修理对象或修理对象较多而单个对象修理费用较低的项目，应列入日常运维成本，不应列入生产辅助大修项目。

2. 审核是否分拆立项。生产辅助大修项目应当以固定资产为单位立项，严禁将不同类型的若干独立项目打捆作为一个项目，也不允许将一个独立项目（同一项资产）分拆为几个项目。根据可研报告或项目建议书中设备基本情况的描述，查看大修的对象是否为不同的资产，是否存在打捆立项的情况。

对于生产辅助大修项目，财务评审人员可通过搜索关键字，查看可研评审明细表中是否存在属于同一项目的不同阶段，或项目实施内容为同一对象的项目，是否存在针对同一项资产的大修项目，结合可研报告判别是否属于分拆立项。

财务评审人员在参与可研论证和审查过程中，若发现存在将一个独立工程分拆立项的情况，应要求项目申报部门作为同一项目重新立项。

3. 审核是否存在不合理频繁修理的情况。原则上对于资产成新率大于 0.5（各单位按实际情况进行适当调整，同时也可增加资产净值作为参考基准）且 3 年内存在修理或技改记录的项目，应要求作出专项说明。

4. 审核拆旧物资数量及处理方案是否合理。财务评审人员应关注：

（1）投资估算中拟购置设备（资产）清单是否与拆旧物资清单具有数量

上的对应关系，若因项目拆改迁规模或布局变动较大等合理原因，以致数量无法对应的设备（资产）需要作出专项说明。

(2) 审核拆旧物资处置、利用方案是否合理，重点关注净值率大于0.5且净值大于10万元的资产，应考虑是否将其再利用，对于直接报废的资产，需有技术鉴定及无回收价值的说明。

(3) 审核在项目可行性研究报告中是否包含拟拆除设备技术鉴定，按照拆除物资拟于本工程再利用、拟报废或拟入库三种方式，审核后续处置方案是否合理，处置方案文件是否经过管理部门签字盖章同意。

5. 审核是否准确划分资本性支出与成本性支出。予以成本化的生产辅助大修项目，应同时满足以下条件：

(1) 后续支出未达到取得固定资产时的计税基础50%以上。

(2) 延长固定资产的使用年限无法达到2年（含2年）以上。

6. 审核恢复性项目方案与实际情况是否一致。财务评审人员应关注：因自然灾害造成的恢复性项目，须将项目技改、维修方案与一切保险报案及现场勘查情况进行比对，审核项目方案与实际情况是否一致。

2.6.3.3 可研经济性审核

通过将该项目成本投入与类似项目成本、历史成本等进行比较，衡量成本投入是否合理及成本的波动是否在合理范围内。选取的类似项目涉及的资产应为同一类资产，资产应处于同一地域，所利用的技术、设备、工艺等方面应具有相似性，项目实施的目的应类似。财务评审人员根据类似项目类似程度的分析及说明，判断类似项目的选取是否合理。

2.6.3.4 其他方面审核

审核可行性研究报告或项目方案的投资估算总额是否分明细列示，是否详细、合理，是否满足编制年度项目支出预算与资金支出预算的需要。

2.6.4 应用举例

2.6.4.1 项目内容

(1) 项目背景。本楼于1996年建成投运，占地面积896.38平方米，建筑面积3 118平方米，共5层，为钢筋混凝土框架结构，耐火等级为二级，主要用途为综合办公及仓储。受上月特大暴雨影响，室内外墙面破损严重。本次主要是对本楼 1 ~5 层的墙面子系统、吊顶子系统、楼地面子系统等进行维修。

（2）项目规模。门窗子系统：办公室拆除更换 1 000 ×2 100mm 实木复合门 25 樘，拆除更换 1 000 ×2 500mm 实木复合门 2 樘，卫生间拆除更换钛镁合金门 4 樘。会议室拆除更换实木复合门 3 个，规格为 1 200 ×2 100mm。

墙面子系统：铲除原墙面重新粉刷涂料 9 832.28 平方米，拆除更换卫生间面砖 264 平方米。

……

（3）设备材料清单。设备材料清单如表 2 –30 所示。

表 2 –30　　设备材料清单

序号	材料名称	型号规格	数量	单位
1	实木复合门	1 000 ×2 100mm	樘	25
2	实木复合门	1 000 ×2 500mm	樘	3
3	钛镁合金门	1 200 ×2 100mm	樘	4
4	柜式空调	MDV –950（34）W/D2SN1 –8X1	台	3
5	……	……	……	……

（4）拆旧物资清单如表 2 –31 所示。

表 2 –31　　拆旧物资清单

序号	材料名称	型号规格	数量	单位
1	实木复合门	1 000 ×2 100mm	樘	25
2	实木复合门	1 000 ×2 500mm	樘	2
3	钛镁合金门	1 200 ×2 100mm	樘	4
4	……	……	……	……

2.6.4.2　可研资料

可研资料包括可研报告、估算书。

2.6.4.3　问题描述

（1）财务评审人员审查可研报告发现，该项目因自然灾害须进行恢复性维修，可研资料未提供保险报案及现场勘查情况，无法审核项目方案与实际情况是否一致，不符合“资料完整性”“审核恢复性项目方案与实际情况是否一致”审核要点。

(2) 财务评审人员审查设备材料清单及拆旧物资清单发现，1 000 × 2 500mm 实木复合门购置数量与拆旧数量不一致，且未提供相关说明，不符合“审核拆旧物资数量及处理方案是否合理”审核要点。

(3) 财务评审人员审查设备材料清单发现，清单中存在 3 台柜式空调购置，该内容属于《国家电网有限公司固定资产目录》范畴，不应通过成本性项目采购，该购置行为不符合“审核是否包含其他类别项目”审核要点。

2.6.5 评审实例

项目经济性与财务合规性评审案例如表 2 – 32 所示。

表 2 – 32　　项目经济性与财务合规性评审案例

项目类型	生产辅助大修项目
项目名称	国网 × × 公司 C 座大会议室综合维修

一、项目实施内容

本项目为国网河北 × × 三楼会议室综合维修项目，主要对现有 × × 三楼会议室的围护分系统、装饰装修分系统、电气分系统、空调通风分系统、建筑智能化（含消防）分系统等进行维修。

二、可研资料情况

项目部分现状照片如图 2 – 5 和图 2 – 6 所示。

图 2 – 5

图 2 – 6

三、问题描述

财务评审人员审查可研报告发现，项目所提供现场照片等资料显示的部分系统现状良好，无法说明项目实施的紧急程度、重要程度等，不符合“资料完整性”审核要点，项目必要性不充分。

2.7　固定资产零购项目

2.7.1　适用范围

固定资产零星购置是指在公司固定资产目录内未纳入工程项目管理、可以独立发挥作用且无建筑安装工程量的设备、仪器仪表、工器具及运输工具等固定资产购置支出。

固定资产零购项目的具体范围如下。

（1）交通运输车辆。包括公务车辆、生产服务车辆（含生产管理车辆、生产普通车辆、生产特种车辆、产业类服务车辆）和其他特种运输（含船只等）设备。

（2）生产管理用工器具。包括制造、检修维护设备和生产、安全与应急工器具等。

（3）仪器仪表及测试设备。包括发电、输电、变电、配电、营销、自动化控制等专业测试设备、仪器仪表等。

（4）办公及辅助设备。包括个人办公用电子计算机（台式机、笔记本电脑等），打印、复印、扫描、传真等办公设备，印刷机、电动切纸机、电动订书机等印刷设备，摄录及图像编辑设备，通信设备等。

（5）其他。包括为生产生活服务的其他零购设备等。

按照项目规模及重要程度将固定资产零购项目划分为限上项目、限下项目和零星项目分类标准执行各专业管理制度。

2.7.2　制度依据

2.7.2.1　国家法规

《企业会计准则》（财会〔2006〕3 号）及财政部颁布的相关新会计准则；

《中华人民共和国企业所得税法》（中华人民共和国主席令 2007 年第 6 号）；

《中华人民共和国企业所得税法实施条例》（中华人民共和国国务院令第 512 号）。

2.7.2.2　公司制度

《国家电网公司固定资产零星购置管理规定》（国家电网企管〔2019〕425 号）；

《国家电网有限公司固定资产管理办法》（国家电网企管〔2020〕763 号）；

《国家电网公司固定资产目录》。

2.7.3　审核要点

2.7.3.1　资料完整性审核

固定资产零购项目必须提供以下审核资料：项目建议书及投资估算表、购置申请报告、计划建议表、与同期市场价格的比较分析说明、同期市场价格的数据来源。如有报废资产须提供拟报废资产技术鉴定意见。

对于专业性的、特殊需求的零购项目，须提供技术部门的论证报告。

连续亏损或利润下滑的单位，对管理类及办公类资产零购项目应严格控制，对于确需的资产购置，应提交专项说明。

固定资产零购须提供资料和数据如表 2－33 所示。

表 2－33　　固定资产零购需提供资料和数据一览

项目名称	序号	资料名称	资料应包含的信息
固定资产零购项目	1	项目建议书	项目基本情况：资产目前的存量情况、存在的问题、配置必要性、配置标准、配置方案、更新项目须说明废旧资产（物资）的详细信息、处置建议和技术鉴定意见。 资产目前的存量情况：固定资产名称、类型、应用专业、规格及型号、主要技术参数、数量。 配置标准：交通运输车辆的配置标准通常包括配置数量、车辆类型、价格范围、车辆主要技术参数等。 设备、仪器仪表、工器具的配置标准通常包括配置数量、配置要求、价格范围、主要技术参数等。 配置方案：方案实施日期、实施地点、拟购置的资产的数量、规格及型号等；对项目实施进度和项目时间节点的合理估计，包括设计、申请购置、到货验收等时间节点。 技术鉴定意见：应满足公司《固定资产管理办法》对资产报废参考表样的内容要求，至少包括资产卡片号、资产名称、规格型号、预计回收残值、残值处理和更新方案及报废原因等须详细列示。 对项目实施进度和项目时间节点的合理估计，包括设计、申请购置、到货验收等时间节点

续表

项目名称	序号	资料名称	资料应包含的信息
固定资产零购项目	2	项目投资估算表	投资总额及成本估算明细
	3	与同期市场价格的比较分析说明	申请零购项目的固定资产单价与中标价格进行比对说明
	4	同期市场价格的数据来源	
	5	技术部门的论证报告	
	6	连续亏损或利润下滑的单位专项说明	

未提供表 2－33 中的资料及数据不得通过资料完整性审核。

2.7.3.2　财务合规性审核

（1）是否存在超标准、超规格购置资产。审核各项资产采购是否符合相关配置标准，是否存在超标准采购行为。对于连续亏损或利润下滑的单位，对管理类及办公类资产零购项目应严格控制，其中生产管理用工器具中的办公设备类和辅助生产管理用工器具可以进行新增，但须详细说明新增的必要性。

（2）审核零购项目是否全部为资本性支出。纳入固定资产零购的项目，应符合公司固定资产目录规定。对于单价低或消耗性工器具的购置不应纳入固定资产零购项目管理。

注意：高档设备，低值易耗品，综合布线、监控系统等涉及安装工程量的项目或设备，科研、开发项目不得纳入固定资产零购储备。备品备件实行分级集中配置，不纳入项目储备。各专业的数字化建设项目、信息系统配套的服务器等设备购置，以及软件购置等项目纳入数字化专项，不纳入固定资产零购储备。

（3）审核拟更新资产的数量是否合理。涉及更新项目，资产购置明细中的资产项目应当与废旧资产清单中的资产项目具有数量上的对应关系，对于两者的差异应作出说明。

2.7.3.3　可研经济性审核

（1）固定资产零购项目可研经济性主要审核成本开支是否合理。将项目支出与同期市场价格、设备历史中标平均价格进行比较分析。

（2）电脑、打印机等零购需要审核人均台数是否在合理范围内。

2.7.3.4 其他方面审核

审核项目建议书的投资估算总额是否分明细，是否详细、合理，是否满足编制年度项目投资计划、预算的需要。

2.7.4 应用举例

2.7.4.1 项目内容

项目建议书如表 2－34 所示。

表 2－34 项目建议书

项目名称		公司照相机购置
项目实施单位		公司
资产性质		直管
购置年度		2022 年
项目必要性	目前存量情况	共有照相机 2 台
	存在的问题	反应速度慢，不能满足工作需求
	配置必要性	公司照相工作量大，不能满足日常工作需求
项目方案	配置方案	购置 3 台高性能相机
	配置标准	按照国家电网办公用品配置要求进行配置
	废旧资产处置建议	按要求进行淘汰
经济性与财务合规性	经济性	通过市场询价，零购项目的市场单价与本地同期的市场金额差异在合理范围内
	财务合规性	准确划分资本性支出和成本性支出，不存在超标准、超规格购置资产，拟购置资产数量合适
项目投资		4 万元
效益分析		通过配置可顺利开展相关工作，提高工作效率

2.7.4.2 可研资料

可研资料包括项目建议书、估算书。

2.7.4.3 问题描述

（1）财务评审人员审查项目建议书发现，项目建议书未详细介绍资产存量情况，包括固定资产名称、类型、应用专业、规格及型号、主要技术参数等信息，不符合“资料完整性”审核要点。

（2）财务评审人员审查项目建议书发现，项目涉及 2 台照相机更新，项目建议书未对未废旧资产（物资）的详细信息、处置建议和技术鉴定意见等项目基本情况，不满足“资料完整性”审核要点。

（3）财务评审人员审查项目建议书发现，项目新购入相机数量与原有相机数量不对应，且未作出专项说明，不符合“审核拟更新资产的数量是否合理”审核要点。

2.7.5　评审实例

项目经济性与财务合规性评审案例如表 2－35～表 2－36 所示。

表 2－35　　项目经济性与财务合规性评审案例 1

项目类型	固定资产零购
项目名称	国网河北省××公司行唐县供电分公司照相机购置

一、项目实施内容

因公司照相工作量大，且已购置照相机时间较长，反应速度慢不满足日常工作要求，需新购置 2 台高性能照相机，报废原相机。

二、可研资料情况

项目建议书内容如图 2－7 所示。

资产性质（公司总部/公司分部/省级公司/直属单位/直管/控股/代管）		直管
购置年度		2018年度
项目必要性	目前存量情况	共有照相机1台
	存在的问题	反映速度慢，不能满足工作要求
	配置必要性	公司照相工作量大不能满足日常工作要求
项目方案	配置方案（包含设备选型、实施时间等）	购置2台佳能高性能照相机
	配置标准	按照国家电网办公用品配置要求进行配置
	废旧资产处置建议（附技术鉴定意见）	按照要求进行淘汰
经济性与财务合规性	经济性	通过市场询价，零购项目的固定资产单价与本地区同期的市场金额差异在合理范围之内
	财务合规性	准确划分资本性支出与成本性支出，不存在超标准、超规格购置资产，拟更新资产数量合适
项目投资（万元）		1.2
效益分析		通过配置可以顺利地开展相关工作，提高工作效率
购置明细		

图 2－7　项目建议书

三、问题描述

财务评审人员审查项目建议书发现，项目新购入高性能相机2台，对原照相机进行报废，建议书中未对拟报废相机购置时间、使用年限、存在问题等进行描述，未提供拟报废资产技术鉴定意见等资料，不符合“资料完整性”审核要点。

表2-36　　　　项目经济性与财务合规性评审案例2

项目类型	固定资产零购
项目名称	国网河北省电力公司××供电分公司生产服务车辆报废更新购置

一、项目实施内容

为满足生产用车需要，对原有黄标车进行更新，新购别克商务车GL8一辆。

二、可研资料情况

项目建议书内容如图2-8所示。

项目必要性	目前存量情况	1
	存在的问题	一是车辆老化严重，故障维修率高；二是正常更新黄标车
	配置必要性	为满足生产用车需要，保证行车安全而配置
项目方案	配置方案（包含设备选型、实施时间等）	2017
	配置标准	按照国家电网公司车辆配置要求进行配置
	废旧资产处置建议（附技术鉴定意见）	黄标车报废车牌
经济性与财务合规性	经济性	通过市场询价，零购项目的固定资产单价与本地区同期的市场金额差异在合理范围之内
	财务合规性	准确划分资本性支出与成本性支出，不存在超标准、超规格购置资产，拟更新资产数量合适
项目投资（万元）		18.5
效益分析		降低了车辆运营及维修成本，提高了安全保障，减少了对大气环境的污染

购置明细

名称	规格及型号	数量	单价（万元）	合计（万元）	单价依据	审核专业
购置别克商务车GL8一辆	别克商务GL8	1	18.5	18.5	省公司下发的参考价格表	检修（运检部）

图2-8　项目建议书

三、问题描述

财务评审人员审查项目建议书发现，项目新增购置别克商务车一辆，建议书中未对拟更新资产的资产卡片号、固定资产的名称、规格型号、所在地点、购置日期、制造厂商、资产原值、已使用年限（行驶里程）、资产净值进行描述，未提供拟报废资产技术鉴定意见等资料，不符合“资料完整性”审核要点。

2.8　电力市场营销项目

2.8.1　适用范围

电力市场营销项目是指利用成熟、适用和先进的技术、设备等，提升营销服务能力或对营销设施、设备和装置进行改造修理而形成的相对独立的项目支出。

根据专业管理，电力市场营销项目主要分为用电营业、电能计量、市场能效、智能用电、供电服务五类。

电力市场营销项目根据项目规模及重要程度分为限上项目和限下项目，分类标准执行各专业管理制度。

2.8.2　制度依据

2.8.2.1　国家法规

《企业会计准则》（财会〔2006〕3 号）及财政部颁布的相关新会计准则；

《中华人民共和国企业所得税法》（中华人民共和国主席令 2007 年第 6 号）；

《中华人民共和国企业所得税法实施条例》（中华人民共和国国务院令第 512 号）。

2.8.2.2　公司制度

《国家电网公司营销项目管理办法》（国家电网企管〔2019〕431 号）；

《国家电网公司固定资产管理办法》（国家电网企管〔2020〕763 号）；

《国家电网公司固定资产目录》；

《国家电网公司工程财务管理办法》（国家电网企管〔2018〕96 号）。

2.8.3　审核要点

2.8.3.1　资料完整性审核

电力市场营销项目必须提供以下审核资料：可行性研究报告或项目建议书（限上项目及单项投资总额在 200 万元及以上的限下项目，应编制可行性研究报告，其他项目编制项目建议书）以及项目估算书、单体项目效益不可测算的经济性评价指标表。

若项目计划时间超过1年，应当提供投资估算分年度明细表。

若涉及拆旧的项目，应提供拟拆除设备清单表及状态评价表。

电力市场营销须提供资料和数据如表2－37所示。

表2－37　　电力市场营销需提供资料和数据一览

项目名称	序号	资料名称	资料应包含的信息
电力市场营销项目	1	可行性研究报告或项目建议书	①立项原因、项目内容及建设规模、投资估算、效益分析等内容。 ②明确说明本次实施的项目属于新建资产类还是技改大修类项目，对于技改类项目，要有能提升资产性能或使用寿命的明确的量化说明。 ③营销类改造、大修项目要有拟改造或修理的资产现状详细描述，包括资产卡片编号、初始建设日期、资产原值、历史改造（修理）记录及金额、资产净值、本次技改（修理）的详细内容；若涉及拆除设备或物资，需列明清单、回收利用或处置方案。 ④对项目实施进度和项目时间节点的合理估计，包括设计、开工、物资到货、竣工等时间节点。其中对于营业网点标准化建设与改造、计量体系建设及改造、充换电设施安全防护及升级改造等改造资产的，应提供设备资产明细信息，并细化到设备最底层；考虑资产重估年限的合理性和经济性，包括预计改造后延长的使用年限等
	2	项目投资估算表	投资金额按照资本性投资、成本性投资分开列示；同时要细分为主要设备及材料费用、辅材费用、安装费用、其他费用等。对其他费用应列示各明细内容和金额，其中预留性费用应详细说明依据
	3	单体项目效益不可测算的经济性评价指标表	选取的项目与本项目类似程度的分析及说明，本项目的投资估算额与选取的类似项目投资成本的对比分析及说明
	4	投资估算分年度明细表	
	5	拟拆除设备清单表及状态评价表	

未提供表2－37中的资料及数据不得通过资料完整性审核。

2.8.3.2　财务合规性审核

1. 审核是否包含其他类别项目。

（1）审核是否包含营销常规性成本费用。重点审核项目支出中是否包含供电服务宣传费用、服务人员服装购置费用、营业厅运营费用、电费回收手续费、各类业务外包劳务费等常规性成本费用，该类费用应纳入各单位标准成本费用进行管理。

（2）审核是否包含固定资产零购支出。重点审核项目支出中是否包含在公司固定资产目录内、可以独立发挥作用且无建筑安装工程量的设备、仪器仪表、工器具及运输工具等内容。

（3）审核是否包含电网数字化项目。重点审核项目支出中是否包含营销业务应用系统建设、运维和软硬件购置等属于电网数字化建设专项、信息系统运维费用的项目。

（4）审核是否包含生产性大修项目。重点审核项目支出中是否包含 0.4kV 低压接户线以上（户表前）设备修理等应纳入生产大修的项目。

（5）审核是否包含小型基建项目、生产辅助技改大修项目。重点审核项目支出中是否包含营销服务中心及营业厅等营销用房建设、改造及装修等应相应纳入小型基建、生产辅助技改以及生产辅助大修的项目。

（6）审核是否包含其他项目。10kV 及以上配网业扩工程、户表改造项目，营销类研究开发、管理咨询、教育培训等项目不能列入电力市场营销项目，应纳入相应的项目类别进行管理。

2. 审核是否存在分拆立项。审核是否存在将一个独立项目分拆多个项目立项，通过关键字检索可研项目汇总表，审查是否存在实施对象一致、实施时间一致或一个项目的实施成果与另一个项目实施成果相关联的项目，原则上不得将整体项目分拆立项。

3. 审核是否准确划分资本性支出与成本性支出。

（1）资本性支出与成本性支出划分原则。新建购置类营销项目应作为资本性项目支出。技改大修类营销项目的判断标准：投入达到原资产原值 50% 以上且延长原资产使用寿命 2 年以上，或者固定资产目录中的资产的更换，作为资本性项目支出，否则作为成本性项目支出。

（2）用电营业项目中资本性与成本性划分要点。缴费项目主要包括购置安装挂式自助缴费终端、嵌墙式缴费终端、大堂式缴费终端、手持缴费终端、座式电费代办终端、缴费系统建设与改造等。单套价值低于 5 000 元（含本数）的终端，且不符合固定资产目录层级的，原则上列为成本性支出；单套价值高于 5 000 元的终端，原则上列为资本性支出；缴费系统建设改造，原则上列为资本性支出。

（3）电能计量项目中资本性与成本性划分要点。用电信息采集系统的建设类支出按照以下标准划分：采集系统主站建设为新建项目的，属于自行建造的固定资产，项目支出列为资本性支出。专变采集终端、集中器、采集器的购置及安装基于其安装方便且单位价值普遍较低，项目支出原则上列为成本性支出。各单位可结合具体管理情况，对于价值较高的采集设备，根据重要性原则，将其列为资本性支出。

电表安装与轮换项目按照以下标准划分：电表安装主要包括变电站用电能表、大工业用户用电能表、关口计量用表、居民用电能表以及低压商业及农业用户用电能表类的购置安装和电能表日常校验与运维。各类电表基于其单位价值普遍较低，项目支出原则上列为成本性支出。各单位可结合具体管理情况，对于价值较高的进口电能表，根据重要性原则，将其列为资本性支出。

计量箱（柜）的安装与改造项目按照以下标准划分：计量柜的购置和安装基于其单位价值较高且为重要设备，项目支出列为资本性支出；高压计量箱的购置和安装基于其价值较高且为重要设备，项目支出列入资本性支出；低压计量箱的购置和安装考虑单位价值较低及管理成本效益原则，项目支出列为成本性支出；计量装置日常校验、运维支出列为成本性支出。

（4）智能用电项目中资本性与成本性划分要点。充换电站新建及扩建、分散交流充电桩新建项目属于自行建造的固定资产，项目支出列为资本性支出。动力电池购置基于动力电池价值较高、作用重要，项目支出列为资本性支出。动力电池租赁基于动力电池产权属于出租方，租赁支出列为成本性支出。智能电动汽车购置作为营销项目管理，项目支出列为资本性支出。

（5）供电服务项目中资本性与成本性划分要点。供电服务品质系统软件开发，项目支出参照电网数字化项目划分标准执行。营业网点的标准化改造装修，项目支出参照生产辅助技改与生产辅助大修划分标准执行。供电服务相关硬件设备购置，项目支出参照电网数字化项目划分标准执行。第三方满意度测评属于购买第三方市场研究服务，项目支出列为成本性支出。

（6）市场与能效项目中资本性与成本性划分要点。为提高设备安全性、可靠性、经济性和满足智能化、节能、环保等要求对锅炉系统、空调系统等进行改造的电能替代项目应列为资本性支出。对于涉及系统软件开发的电力需求侧管理示范建设的项目支出参照电网数字化项目划分标准执行。对于节能项目的节能量认定，项目支出应列为成本性支出。

4. 审核是否存在不合理频繁改造或修理的情况。原则上对于资产成新率大于0.5（各单位按实际情况进行适当调整，同时也可增加资产净值作为参考基准）且3年内存在技改记录的项目，应要求作出专项说明。对于近年来多次改造的项目，应将技术改造方案与重新购建方案进行对比，确定技术改造是否经济可行。

5. 审核项目投资中其他费用支出是否合理。审查其他费用的具体内容，审核项目投资中其他费用支出是否合理、是否存在无依据估列的支出内容。

6. 审核营销技改拆旧物资数量及处理方案是否合理。审核项目可行性研究报告投资估算中的设备（资产）清单与拆旧物资清单在数量上的对应关系；对于两者的差异须进行专项说明；拆旧物资初步处置方案是否合理。

2.8.3.3　可研经济性审核

电力市场营销项目可研经济性审核，主要审核投入成本合理性。

财务评审人员将项目支出与该类项目历史成本或类似项目成本进行比较分析，审查差异是否在合理范围之内，差异水平原则上不应超过相关物料、人工等成本要素市场价格的上涨幅度。其中对于近年来多次改造的项目，应将技术改造方案与重新购建方案进行对比，确定技术改造是否经济可行。

选取类似项目的内容、所处区域、实施目的应相同或类似，所利用的技术、设备、工艺等方面应具有相似性。财务评审人员根据类似项目类似程度的分析及说明，判断类似项目选取是否合理。

2.8.3.4　其他方面审核

审核可行性研究报告或项目建议书的投资估算总额是否分明细列示，是否详细、合理，是否满足编制年度项目支出预算与资金支出预算的需要。

2.8.4 应用举例

2.8.4.1 案例1

（1）项目内容。围绕“创新、协调、绿色、开放、共享”的发展理念，结合“数字展示窗口、营配融合试点”的两大功能；建设××营业厅，建筑面积650平方米……

通过营销××系统试点建设，实现“数字展示窗口”功能，组织营销××系统操作手册专题培训，共计举办2期，每期培训5天，每期培训班20人，同时，购置笔记本电脑40台用于相关系统培训，培训结束后笔记本电脑留于营业厅由营业厅人员使用。……

（2）可研资料。可研资料包括可研报告、估算书。

（3）问题描述。

财务评审人员审查可研报告发现，项目规模包含营业厅改造工程，不符合“审核是否包含其他类别项目——审核是否包含小型基建项目、生产辅助技改大修项目”审核要点。

财务评审人员审查可研报告发现，项目规模包含营销××系统试点建设，不符合“审核是否包含其他类别项目——审核是否包含电网数字化项目”审核要点；同时，项目计划对该新系统操作手册开展专题培训，不符合“审核是否包含其他类别项目——审核是否包含其他项目”审核要点。

财务评审人员审查设备及材料表发现，项目设备材料清单中存在“笔记本电脑40台”，该内容属于《国家电网有限公司固定资产目录》范畴，可以独立发挥作用且无建筑安装工程量的设备，不符合“审核是否包含其他类别项目”审核要点。

财务评审人员审查可研资料发现，项目未提供单体不可测算项目经济性指标评价表，同时可研报告亦未对投入成本合理性进行分析（如项目投资与该类项目历史成本或类似项目成本进行比较分析），不符合“审核投入成本合理性”审核要点，项目经济性不充分。

2.8.4.2 案例2

（1）项目内容。升级改造某地充电站交流充电桩10台，原充电桩报废……

（2）可研资料。可研资料包括可研报告、估算书。

（3）问题描述。

财务评审人员审查可研资料发现，该项目未填制经济性指标评价表，缺少财务净现值、总投资收益率、投资回收期等经济效益指标分析说明，不符合“资料完整性”“审核项目经济效益”审核要点，项目经济性不充分。

财务评审人员审查可研报告发现，项目涉及充电桩更换，可研资料中未提供拟拆除设备清单、拟拆除设备评价表及相关管理部门盖章的处置意见等资料，不符合“审核拆旧物资数量及处理方案是否合理”审核要点，拆旧流程不合规。

财务评审人员审查可研报告——估算书发现，项目费用构成中包含宣传费用等费用，不符合“审核是否包含其他类别项目——审核是否包含营销常规性成本费用”审核要点，上述费用应纳入各单位标准成本费用进行管理。

财务评审人员审查可研报告发现，该项目计划采购“监控模块电源插件”作为备品备件，用于后续监控系统维修，不符合“审核是否包含其他类别项目——审核是否包含其他项目”审核要点。

2.8.5　评审实例

项目经济性与财务合规性评审案例如表 2－38 ~ 表 2－40 所示。

表 2－38　　项目经济性与财务合规性评审案例 1

<table>
<tr><td>项目类型</td><td>电力市场营销项目</td></tr>
<tr><td>项目名称</td><td>×站城市智慧标杆站</td></tr>
<tr><td colspan="2">一、项目实施内容
本项目规划 65.75kWp 的分布式光伏发电系统、储能、地源热泵、配变、智能体验厅站、换电柜等相关土建和设备的建设。
二、可研资料情况
可研报告内容如图 2－9 和图 2－10 所示。

2.1.2　项目单位情况
本项目暂定由 A 公司投资。B 供电公司统一运维管理。

图 2－9　项目单位情况</td></tr>
</table>

续表

8.2 资金来源及融资方案 本工程采用经营性租赁模式，项目由A公司负责整体项目投资，项目资金来源100%为资本金投入，不涉及融资。项目建成后整体打包租赁给B供电公司使用，由B供电公司负责项目运维。投资方以收取租赁费的形式收回项目投资，租赁期限为6年，项目第6年由B供电公司按照签订的租赁协议的年租赁费作为回购项目资产余值。 **图2－10　资金来源及融资方案** 三、问题描述 财务评审人员审查可研报告发现，该项目经A公司实施后，由B供电公司经营租赁使用，项目实际需求方为B供电公司，该行为是以经营租赁规避资本性建设，不符合《国网河北省电力公司经营性资产租赁管理指导意见》关于“不得以经营租赁规避资本性项目计划管理和招标管理”的规定。

表2－39　　项目经济性与财务合规性评审案例2

项目类型	电力市场营销项目
项目名称	国网河北×××电动汽车充电设施检测试验能力提升

一、项目实施内容

对现有充电设施出现的大功率、新功能、新标准要求及一桩多枪，提出新项目补充，充电设施关键器件互换，充电控制器与功率控制器、读卡器通信协议测试，功率控制器与充电模块、开关模块、环境信息采集模块通信协议测试。

二、可研资料情况

主要设备材料如图2－11所示。

4.2 主要设备材料表

序号	名称	主要参数	单位	数量	单价	总价(万元)
6	六统一协议测试设备	充电控制器与功率控制器、读卡器通信协议监听，功率控制器与充电模块、开关模块、环境信息采集模块通信协议监听，V2G双向充电桩监听，行程内部器件通信协议一致性测试。配备笔记本电脑1套，型号ThinkPad2021款14寸(i5-1135G7 16G512G)黑色E14	套	1	21	21

图2－11　主要设备材料

三、问题描述

财务评审人员审查可研报告主要设备材料表发现，清单中存在“笔记本电脑1套”，不符合“审核是否包含其他类型项目”审核要点。

表 2－40　　项目经济性与财务合规性评审案例 3

项目类型	电力市场营销项目
项目名称	国网河北××2022 年采集 2.0 与灾备建设
一、项目实施内容 新一代用电信息采集系统聚焦“全量数据按需采集、设备状态动态感知、台区能源柔性控制、数据灵活高效共享”四大核心业务主线，以“量测、感知、控制、共享”为切入点，全面服务市场能源交易生态，服务智能电网运营生态，服务末端精益运维生态，服务绿色能源低碳生态，服务营商环境优化生态，助力公司战略落地和数字化转型发展。完成新一代采集系统试点建设，年底前，准备试点上线新一代采集系统。 完成河北公司大楼服务器迁移，购置服务器作为备用机和数据库服务器，后续也可作为灾备服务器使用；完成用采系统应用及灾备建设；完成管控平台生产环境容灾搭建；完成能源计量设备质量应用场景建设；完成反窃电监控模块应用项目搭建；完成采集测试系统扩容升级改造。 二、可研资料情况 可研资料主要指可研报告。 三、问题描述 财务评审人员于评审会上了解到，该项目相关部分老旧设备需拆除换新，可研报告未对相关内容进行描述且缺少拆旧物资清单、拆旧物资处置意见等资料，不符合“审核拆旧物资数量及处理方案是否合理”审核要点，拆旧流程不合规。	

2.9　研究开发项目

2.9.1　适用范围

研究开发项目是指服务于公司和电网发展而组织实施的研究开发项目，主要包括为新产品、新技术、新材料、新工艺、新标准、决策支持技术的研究及试验能力的提升和新技术应用等项目支出。

根据项目专业方向分类，研究开发项目包括基础性和前瞻性技术研究、重大关键技术研究、运营性技术研究、先进适用技术示范与应用、决策支持技术研究、试验能力提升。根据项目所属科研技术领域分类，研究开发项目包括新能源发电及接入技术、输变电技术、配用电技术、大电网安全与控制技术、电网信息和通信技术、基础支撑技术、决策支持技术等。

研究开发项目按照项目管理方不同分为限上项目和限下项目，分类标准执行各专业管理制度。

研究开发项目中涉及研发专用仪器、专用设备等资产的购置，应纳入固定资产零购专项。

2.9.2 制度依据

2.9.2.1 国家法规

《企业会计准则》（财会〔2006〕3 号）及财政部颁布的相关新会计准则。

2.9.2.2 公司制度

《国家电网公司研究开发费财务管理办法》（国家电网企管〔2014〕742 号）；

《国家电网公司科技项目管理办法》（国家电网企管〔2019〕429 号）；

《国家电网公司科技项目预算编制实施细则》（国家电网企管〔2019〕429 号）；

《国家电网公司科技项目储备库管理细则》（国家电网企管〔2019〕429 号）；

《国家电网公司海外高层次引进人才专项科研经费管理细则》（国家电网企管〔2014〕593 号）。

2.9.3 审核要点

2.9.3.1 资料完整性审核

研究开发项目必须提供以下审核资料：可行性研究报告或项目建议书（限上项目和投资额在 100 万元及以上的限下项目应编制可行性研究报告，其他项目可编制项目建议书）以及项目估算书、单体项目效益不可测算的经济性评价指标表、经费预算费用明细及取费标准表等。

若项目计划时间超过 1 年，应当提供投资估算分年度明细表。

研究开发需提供资料和数据如表 2 –41 所示。

表 2－41　　研究开发需提供资料和数据一览

项目名称	序号	资料名称	资料应包含的信息
研究开发项目	1	可行性研究报告或项目建议书	①研究内容和实施内容：研究内容的详细说明；理论和试验研究的工作量；项目参与人员、项目合作单位及组织方式，以及合作方式、知识产权和成果分享的范围；需要购买的仪器设备型号、产地、性能及需要购买的原因；外委的工作内容和工作量；对于装置、设备开发项目，要提出装置或设备的开发计划及设计方案等。 ②预期目标和成果形式：阐明项目研究预期达到的目标；明确叙述提高研究成果的形式、理论研究报告、全套设计制造技术、实用装置或软件等；要求成果提供的形式能够被其他研究人员掌握，使成果的使用权具有可转移性。 类似研发成果的公开市场价值与研发投入成本进行比较的说明。 ③项目实施进度和时间节点：实施进度和实践节点应准确估计，并详细描述每一阶段计划研究内容、人员安排、设备安排等。对跨年度项目还应当合理分解各年度经费预算，各年度提供成果的内容和形式。 ④项目经费预算：经费预算应列示各类费用明细，包括设备使用费、业务费、场地使用费、专家咨询费、间接费、外委支出费等及取费标准
	2	项目投资估算表	
	3	单体项目效益不可测算的经济性评价指标表	选取的项目与本项目类似程度的分析及说明；本项目的投资估算额与选取的类似项目投资成本的对比分析及说明；类似研发成果的公开市场价值与研发投入成本进行比较的说明
	4	投资估算分年度明细表	
	5	类似研发成果的公开市场价值数据来源	

未提供表 2－41 中的资料及数据不得通过资料完整性审核。

2.9.3.2　财务合规性审核

1. 审核是否存在重复立项。

（1）查找近 3 年研究开发项目储备项目清单，通过关键字搜索，查看是否存在研究内容基本相同的研究开发项目，对于此类重复项目应取消立项。

（2）查看本年的研究开发项目汇总表是否存在项目研究内容与研究目标基本相同或者一方的立项内容和目标涵盖另一方的内容和目标的情况。对此类重复项目建议采用联合立项，由研究条件较为成熟的部门或单位牵头，其他相关部门或单位参与的方式解决。

2. 审核是否存在分拆立项。审核是否存在将一个独立项目分拆多个项目立项，通过关键字检索可研项目汇总表，审查是否存在实施对象一致、实施时间一致或一个项目的实施成果与另一个项目实施成果相关联的项目，原则上不得将整体项目分拆立项。

3. 审核是否包含固定资产零购支出。审核项目支出是否包含在公司固定资产目录内、可以独立发挥作用且无建筑安装工程量的设备、仪器仪表、工器具及运输工具等固定资产购置。

4. 审核是否准确划分资本性支出与成本性支出。根据项目的预期目标、成果形式等描述，判断成本性项目或资本性项目分类是否准确。一般资本性项目形成的成果主要包括专利技术、无形资产或实物类资产；成本性项目主要为探索、研究新的科学和技术知识，最终形成研究论文、建议书等成果。

根据项目相应的时间节点，判断相应的资金支出性质是否正确。一般研究阶段项目支出列为成本性支出，开发阶段如果预期能够形成资产的项目支出列为资本性支出。

5. 项目经费预算须符合标准并且计算准确。

（1）人工费控制标准。

①审核研究成果为报告、自行开发软件等以人员智力投入为主的研究项目人工费是否超过项目总费用的 65%；研究成果为硬件产品，材料费及外协加工费比重较大的研究项目人工费是否超过项目总费用的 35%；其他类型的研究项目人工费是否超过项目总费用的 50%。

②在专职研究人员人工费标准中，审核高级研究人员（含项目负责人、子项目负责人、项目骨干研究人员和其他高级研究人员）的标准是否超过 3 万元/人月；其他研究人员（含中初级研究人员、技术工人、博士后、研究生等其他研究人员）的标准是否超过 2 万元/人月；属于公司“千人计划”等高层次引进人才的项目研究人员，人工费标准是否按相关合同或协议据实列支。

③审核劳务外包人员人工费和临时性研究人员人工费标准是否过高，可结合其在项目研究中承担的工作任务，参照当地科学研究和技术服务业从业人员平均收入水平。

（2）设备使用费控制标准。

①审核设备使用费是否包含资产折旧摊销费用、维护修理费用、税费等，考虑项目开展时间、期限是否与计算过程对应，维修费用发生是否经资产管理部门核准，税费计算是否准确。

②审核使用单价高于 5 万元人民币的现有设备是否列示清单，并说明使用费计取单价。

③审核仪器设备在所有研究开发项目中的年均累计使用时间，原则上不超过 12 个月。

（3）业务费控制标准。

①审核总价高于 5 万元人民币的材料是否列示清单。

②审核资料、印刷及知识产权费总额是否超标准（原则上不超过 40 万元），如项目研究确有需要（如购买地图、气象数据、数据库，专著出版，国际专利申请等），需提供详细的编制说明。

③审核会议、差旅及国际合作交流费比例是否超过项目总费用 10%，如超过应列示编制测算依据进行说明。

（4）场地使用费控制标准。场地使用费是指项目实施过程中需使用本单位或外单位的房屋、库房用作研究人员的办公场所或大型设备仪器占用地所产生的费用，包括场地物业费和场地租金，其计算公式为：场地使用费 = 场地物业费 + 场地租金，应审核项目开展期间、开展地点是否与公式计算中的占用面积、占用时间一致，取费单价与同期、同类相比是否畸高。若差异过大应提供专项说明。

（5）专家咨询费控制标准。

①审核单次咨询活动专家人数是否超过标准（原则上不超过 15 人/次）。

②审核高级专业技术职称人员专家咨询费标准是否超过 2 400 元/人天（税后），其他专业人员是否超过 1 500 元/人・天（税后），院士、全国知名专家标准是否超过 3 600 元/人・天（税后）。

③审核专家咨询费总额是否超过标准（项目执行期在 1 年内的，专家咨询费总额原则上不超过 20 万元；项目执行期在 1 年以上的，每增加 1 年专家咨询费总额增加 15 万元）。预算超过上述标准的项目需详细说明，审核详细说明是否合理。

④以会议、现场访谈或者勘察形式组织的咨询，当咨询活动超过 2 天，第 3 天及以后专家咨询费标准按上述标准的 50% 执行；以通信形式组织的咨询，专家咨询费标准按上述标准的 20% ~50% 执行。

（6）间接费控制标准。审核间接费用总额是否超标准。间接费上限按照分段超额累退比例法计算，500 万元及以下部分不超过项目总费用的 20%；500 万 ~1 000 万元的部分不超过 15%；超过 1 000 万元的部分不超过 13%。

（7）外委支出费控制标准。

①审核外委业务的说明和证明材料，说明本单位不具备该部分研发条件的原因。

②审核项目主体研究内容是否外委给其他单位。

③审核外委研究支出费是否以项目合同中明确的任务为依据，是否列示每一项外委研究支出。

④审核外委研究支出费比例是否超过合同总额的 30%。

⑤审核外协测试试验与加工费估算，委托次数多或单次支出费用在 5 万元以上的是否列示清单。

公司各单位按照国家和国网公司规定履行招标采购程序，确定项目的最终承担单位，不属于外委研究范畴，但经招标采购确定的承担单位将研究工作部分委托给其他单位所发生的费用，属于外委研究支出费。

2.9.3.3　可研经济性审核

研究开发项目可研经济性审核，主要审核投入成本合理性。

对于无法准确测算单体资产效益的项目，将该项目成本投入与类似项目成本或单位投资标准成本进行比较，审查差异是否在合理范围内。

通过获取类似研发成果的公开市场价值，与研发投入成本进行比较，判断自行研发或直接市场购买相对经济性。

2.9.3.4 其他方面审核

审核可行性研究报告或项目方案的投资估算总额是否分明细列示，是否详细、合理，是否满足编制年度项目支出预算与资金支出预算的需要。

2.9.4 应用举例

2.9.4.1 案例1

1. 项目内容。

(1) 项目背景（略）。

(2) 项目规模（略）。

(3) 项目经费预算如表2-42所示。

表2-42　项目经费预算

序号	实施内容（逐项单列）	预算经费（万元）	预算测算依据说明	备注
1	直接费			
1.1	人工费	504		
1.1.1	专职研究人员费	504	高级研究人员8人，标准4万/人·月，预计工作9月；一般研究人员8人，标准3万/人·月，预计工作9月	
1.1.2	劳务外包人员人工费			
1.1.3	临时性研究人员费			
1.2	设备费			
1.3	业务费	16		
1.3.1	材料费			
1.3.2	资料、印刷及知识产权费	2		
1.3.3	会议、差旅及国际合作交流费	14	差旅：预计调研出差2次，每次20人，每次5天，每人0.05万元/天·次；会议：召开会议4次，每次8人持续2天，按照0.05万元/人·天标准	
1.4	场地使用费			

续表

序号	实施内容 （逐项单列）	预算经费 （万元）	预算测算依据说明	备注
1.4.1	场地物业费			
1.4.2	场地使用租金			
1.5	专家咨询费	30	专家咨询1次，每次20人，每人·天0.3万元，每次5天	
2	间接费	120		
3	外委支出			
4	税金	670		
	合计	710.2		

2. 可研资料。可研资料包括可研报告、科研需求建议表、可研评审意见自评。

3. 问题描述。

（1）财务评审人员审查可研报告“经费预算表”发现：

①高级研究人员及一般研究人员人·月费标准超过《国家电网公司科技项目预算编制实施细则》“高级研究人员（含项目负责人、子项目负责人、项目骨干研究人员和其他高级研究人员），标准为2万～3万元/人·月；其他研究人员（含中初级研究人员、技术工人、博士后、研究生等其他研究人员），标准为1.5万～2万元/人·月”标准。

②人工费（504万元）占投资总额（710.2万元）的70.97%，超过《国家电网公司科技项目预算编制实施细则》“研究成果为研究报告、自行开发软件等以人员智力投入为主的研究项目人工费不得超过项目总费用的65%”标准。

上述两项问题不符合“项目经费预算须符合标准并且计算准确——人工费控制标准”审核要点。

（2）财务评审人员审查可研报告经费预算表发现，资料、印刷及知识产权费未列示明细项，无法审核相关费用计列合理性。

（3）财务评审人员审查可研报告经费预算表发现，项目预计每次出差20人，但研究人员仅16人，出差人数存在逻辑错误。

（4）财务评审人员审查可研报告经费预算表发现：

①专家咨询费每人·天0.3万元，未提供证明聘请专家为院士、全国知名专家的材料。

②专家咨询费计算错误，不符合《国家电网公司科技项目预算编制实施细则》“当咨询活动超过2天，第3天及以后专家咨询费标准按上述标准的50%执行”标准。

③专家咨询费共计30万元，不符合“执行期在1年内的，专家咨询费总额原则上不超过20万元”标准。

上述三项问题不符合“项目经费预算须符合标准并且计算准确——专家咨询费控制标准”审核要点。

（5）财务评审人员审查可研报告经费预算表发现，项目间接费120万元占投资总额710.2万元的16.90%，超过《国家电网公司科技项目预算编制实施细则》“间接费实行总额控制，……超过500万元至1 000万元的部分不超过15%……”规定，不符合“项目经费预算须符合标准并且计算准确”审核要点。

2.9.4.2 案例2

1. 项目内容。

（1）项目背景（略）。

（2）项目规模。

①研究××课题。

②研发××工具。

③通过仿真分析软件确定××参数及应用场景，同时开展××地区电网分区互联可行性方案的研究。

（3）项目成果。

①专利技术。

②研究报告。

③期刊论文。

（4）项目进度安排如表2－43所示。

表 2-43　项目进度安排

序号	时间	内容
1	2022 年 5 月	制订项目实施详细方案
2	2022 年 6 月	开展××理论研究
3	2022 年 7 月	进行仿真研究，根据业务需求确定采用的××模型
4	2022 年 8 月	开展××模型算法的研究和实现
5	2022 年 9 月	设计详细的××研发方案
6	2022 年 10 月	完成××模型算法、图形生成等关键模块研发
7	2022 年 11 月	完成项目整体开发、测试，××分区互联应用研究
8	2022 年 11~12 月	撰写研究报告

（5）项目经费预算如表 2-44 所示。

表 2-44　项目经费预算

序号	实施内容（逐项单列）	预算经费（万元）	预算测算依据说明	备注
1	直接费	76		
1.1	人工费			
1.1.1	专职研究人员费	54	高级研究人员 2 人，标准 2 万/人·月，预计工作 9 个月；一般研究人员 2 人，标准 1 万/人·月，预计工作 9 个月	
1.1.2	劳务外包人员人工费			
1.1.3	临时性研究人员费			
1.2	设备费			
1.2.1	仪器设备使用费			
1.2.2	仪器设备试制费			
1.2.3	软件购置（使用）费			
1.3	业务费	22		
1.3.1	材料费	2		
1.3.2	资料、印刷及知识产权费			
1.3.3	会议、差旅及国际合作交流费	20		
1.4	场地使用费			
1.5	专家咨询费			

续表

序号	实施内容（逐项单列）	预算经费（万元）	预算测算依据说明	备注
2	间接费			
3	外委支出	54		
3.1	外委研究支出			
3.2	仪器设备租赁费			
3.3	外协测试试验与加工费			
4	税金	7.8		
	合计	137.8		

附件 1　材料费预算明细表（总价 5 万元以下的材料）

材料费预算明细表如表 2－45 所示。

表 2－45　材料费预算明细表

序号	材料名称	规格或型号	计量单位	单价（万元/单位数量）	材料费用（万元）	经费列支（万元）
1	单反相机		台	1	2	2
总价 5 万元以下材料合计					2	2
其他材料						
累计					2	2

注：表中应包括材料原价、供销部门手续费、包装费、运杂费、采购及保管费等内容。

附件 2　外委研究支出预算明细表

外委研究支出预算明细表如表 2－46 所示。

表 2－46　外委研究支出预算明细表

序号	协作研究任务名称	协作研究任务内容	协作研究任务承担单位	经费列支（万元）
1	研究××课题	建模	待定	54
累计				54

2. 可研资料。可研资料包括可研报告、科研需求建议表、可研评审意见自评。

3. 问题描述。

（1）财务评审人员审查可研报告发现，项目进度安排为2022年5～12月，与项目经费预算表中专职研究人员预计工作9个月存在逻辑错误。

（2）财务评审人员审查可研报告经费预算表发现，会议、差旅及国际合作交流费占投资总额的14.51%，未编制详细的测算依据，不符合《国家电网公司科技项目预算编制实施细则》"会议、差旅及国际合作交流费比例超过项目总费用10%应列示编制测算依据"规定，不符合"项目经费预算须符合标准并且计算准确——业务费控制标准"审核要点。

（3）财务评审人员审查可研报告经费预算表发现，外委支出占投资总额的39.2%，不符合《国家电网公司科技项目预算编制实施细则》"外委研究支出费比例不得超过合同总额的30%"规定，不符合"项目经费预算须符合标准并且计算准确——外委支出费控制标准"审核要点。

（4）财务评审人员审查可研报告附件1材料费预算明细表发现，该项目购置材料（设备）中存在"单反相机"，该内容属于《国家电网有限公司固定资产目录》可以独立发挥作用且无建筑安装工程量的设备，应通过固定资产零购项目进行购置。

（5）财务评审人员审查可研报告附件2外委研究支出预算明细表发现，该项目将主体研究内容外委，不符合《国家电网公司科技项目预算编制实施细则》"项目主体研究内容不得外委给其他单位"规定，不符合"项目经费预算须符合标准并且计算准确——外委支出费控制标准"审核要点。

（6）财务评审人员审查可研报告发现，项目成果描述过于笼统，未说明专利技术、研究报告等成果具体名称及数量，不符合"资料完整性"审核要点。

（7）财务评审人员审查可研报告发现，可研报告中未对参与项目人员等信息进行描述，不符合"资料完整性"审核要点。

2.9.5 评审实例

项目经济性与财务合规性评审案例如表2－47～表2－52所示。

表 2－47　　　　　　　项目经济性与财务合规性评审案例 1

项目类型	研究开发项目
项目名称	全电零碳化××智慧用能技术研究与应用

一、项目实施内容

1. ××电能替代技术研究。
2. ××灵活组网技术研究。
3. ××优化运行技术研究。

二、可研资料情况

外委研究支出预算明细如图 2－12 所示。

附件 3　外委研究支出预算明细表　　　　单位：万元

序号	协作研究任务名称	协作研究任务内容	协作研究任务承担单位	经费列支
1	××智慧用能技术研究与应用		招标待定	33
累 计				33

图 2－12　外委研究支出预算明细

三、问题描述

财务评审人员审查可研报告附件 3　外委研究支出预算明细表发现，该项目将主体研究内容外委，不符合《国家电网公司科技项目预算编制实施细则》关于“项目主体研究内容不得外委给其他单位”的规定。

表 2－48　　　　　　　项目经济性与财务合规性评审案例 2

项目类型	研究开发项目
项目名称	×××虚拟电机控制及组网技术与产品研制

一、项目实施内容

1. 研究××能源交换机协调控制方法。
2. 研究××能量优化策略。
3. 研制适用于××的微网能源交换机。

二、可研资料情况

材料费预算明细如图 2－13 所示。

附件 2　材料费预算明细表（总价 5 万元以上的材料）

单位：万元

序号	材料名称	规格或型号	计量单位	单 价（万元/单位数量）	材料费用	经费列支
1	能源交换机	/	套	18.4	18.4	

图 2－13　材料费预算明细

续表

三、问题描述

财务评审人员审查可研报告附件2　材料费预算明细表发现，该项目购置材料中存在“能源交换机”，该内容属于《国家电网有限公司固定资产目录》内容，不应在成本项目中列支。

表2－49　　　　项目经济性与财务合规性评审案例3

项目类型	研究开发项目
项目名称	基于××的分区电网柔性互联技术研究与应用

一、项目实施内容

1. 研究××仿真建模，对影响电网安全运行的关键指标进行仿真分析。

2. 研发××实时仿真分析软件，为××的选址定容提供便捷的分析工具。

3. 通过仿真分析软件确定××的参数及应用场景，同时开展××分区互联可行性方案的研究。

4. 结合示范区××工程进行软件准确性和合理性的验证。

二、可研资料情况

业务费如图2－14所示。

3.业务费	24	24		
（1）材料费	0	0		附件2
（2）资料、印刷及知识产权费	10.8	10.8		
（3）会议、差旅及国际合作交流费	13.2	13.2		
合　计	80	80		

图2－14　业务费

三、问题描述

财务评审人员审查可研报告经费预算表发现，项目“会议、差旅及国际合作交流费”13.2万元占总投资80万元比例为16.50%，未列示编制测算依据，不符合《国家电网公司科技项目预算编制实施细则》关于“会议、差旅及国际合作交流费比例超过项目总费用10%应列示编制测算依据”的规定。

表2－50　　　　项目经济性与财务合规性评审案例4

项目类型	研究开发项目
项目名称	智能配电××××关键技术研究与样机研制

一、项目实施内容

1. 含××的应用场景与综合效益评价研究。

2. ××调控技术研究。

3. ××装置研制与试验。

二、可研资料情况

可研资料情况如图2－15所示。

续表

（二）间接费	17.3	17.3		
（三）外委支出费	0	0		
1.外委研究支出费	0	0		附件3
2.仪器设备租赁费	0	0		
3.外协测试试验与加工费	0	0		附件4
（四）税金	4.8	4.8		
合　计	80	80		

图 2－15　可研资料情况

三、问题描述

财务评审人员审查可研报告经费预算表发现，项目间接费用 17.3 万元占项目总投资 80 万元比例为 21.63%，超过《国家电网公司科技项目预算编制实施细则》关于“间接费实行总额控制……按照不超过项目总费用的一定比例核定，具体比例如下：500 万元及以下部分不超过 20%……”的规定。

表 2－51　　项目经济性与财务合规性评审案例 5

项目类型	研究开发项目
项目名称	基于 5G 通信网络的输电线路××智能一体机研究与应用

一、项目实施内容

（1）机体结构××；（2）机体动力驱动控制系统××；（3）通信系统××；（4）可视化作业××；（5）××智能一体机在线路上自主行走技术；（6）××智能一体机的线路自适应；（7）××智能一体机防坠落设计；（8）××遥控及自锁；（9）更换导线和地线的智能封网施工技术；（10）××可视化施工作业技术；（11）具备多机“互看”同步功能；（12）重量轻，设计人工开闭锁功能；（13）电池容量及电源管理。

二、可研资料情况

专家咨询费如图 2－16 所示。

5. 专家咨询费	3.5 万元	7 次×0.5 万/人·次

图 2－16　专家咨询费

三、问题描述

财务评审人员审查可研报告经费预算表明细发现，项目专家咨询费单人次标准为 5 000 元/人·次，超过《国家电网公司科技项目预算编制实施细则》关于“专家咨询费人员标准原则上按照高级专业技术职称人员 1 500～2 400 元/人·天（税后），其他专业人员 900～1 500 元/人·天（税后）计列，院士、全国知名专家可按照高级专业技术职称人员的专家咨询费标准上浮 50% 执行”的规定。

表 2 - 52　　项目经济性与财务合规性评审案例 6

项目类型	研究开发项目
项目名称	新型电力系统形态下河北南网××方案研究

一、项目实施内容

1. 考虑电磁暂态的××路径选取研究。
2. ××分区目标网架和主网架恢复研究。
3. ××过程中负荷恢复原则及恢复方案研究。

二、可研资料情况

直接费如图 2 - 17 所示。

（一）直接费	76			
1.人工费	60			
（1）专职研究人员人工费	60			
（2）劳务外包人员人工费				
（3）临时性研究人员人工费				
2.设备使用费				
（1）仪器设备使用费				附件1
（2）软件使用费				
3.业务费	16			
（1）材料费	1			附件2
合　计	82			

图 2 - 17　直接费

三、问题描述

财务评审人员审查可研报告经费预算表发现，项目“人工费”60 万元占总投资 82 万元比例为 73.17%，超过《国家电网公司科技项目预算编制实施细则》关于“研究成果为研究报告、自行开发软件等以人员智力投入为主的研究项目人工费不得超过项目总费用的 65%；研究成果为硬件产品，材料费及外协加工费比重较大的研究项目人工费不得超过项目总费用的 35%；其他类型的研究项目人工费不得超过项目总费用的 50%”的规定。

2.10　电网数字化项目

2.10.1　适用范围

电网数字化项目是指电网数字化领域内的咨询设计，信息系统开发实施、优化改造、更新升级、综合评估，数据资源接入、处理和应用，网络安全服务，配套软硬件和数据产品购置等相关项目，范围涵盖基础设施、企业中台、业务应用、数据价值、全场景安全运行等方面，分为总部统一组织建设项目和各单位独立建设项目两类。

各专业数字化建设需求项目统一纳入电网数字化专项管理，其他专项不得设立数字化建设项目（不含移动终端、感知终端等终端硬件购置）。

严禁使用电网数字化专项以外的各类资金及其他费用新建信息系统（含移动应用、原有信息系统新增功能模块等软件开发），严禁以租赁等各种形式自行变相新建信息系统（含移动应用、原有信息系统新增功能模块等软件开发）。可利用各专项资金及各类成本资金开展在运信息系统的架构咨询、数据治理、深化应用（包括已有功能的优化改造、不包括增加新功能）、业务运营、网络安全提升，以及终端购置、机房改造等工作。

电网数字化项目按照项目性质来分，可分类为咨询设计类、系统开发实施类、运营服务类、数据工程类、软硬件设备购置类、建设类六大类。

（1）咨询设计类。咨询设计类项目，是指针对生产、经营、管理和企业决策实践中提出的咨询设计类任务，主要包括业务诊断咨询、需求分析咨询、可研方案咨询、企业数字化架构设计、系统技术方案设计与论证等任务。

（2）系统开发实施类。系统开发实施类项目，是指以应用软件开发为主的项目类型，侧重应用类软件开发，主要是面向用户的业务应用，可包括 PC 应用开发、移动应用开发、微服务、微应用和大屏展示等场景。

系统开发实施类项目主要包括系统开发和系统实施任务，系统开发实施类项目工作内容包括需求分析、系统设计、系统开发、内部测试，以及系统实施方案编制、软硬件环境准备、信息系统部署和调试、数据收集和初始化、操作人员培训、用户测试、上线测试和上线支持等工作内容。

（3）运营服务类。运营服务类项目，根据目前的业务情况是指为满足系统正常运行而进行的系统迁移入池、系统性能优化等工作。

（4）数据工程类。数据工程类项目，是指为聚焦大数据前沿技术和应用，对数据资源整合处理，实现数据价值的相关工作。主要内容包括数据接入、数据标准化、数据集市构建、数据上传、数据盘点、数据资源目录维护、数据质量治理、数据产品研发及实施等工作。

（5）软硬件设备购置类。软硬件设备购置类项目，包括软硬件购置项目、网络设备购置项目、安全产品购置项目、运维产品购置项目，采购中可包含相关的材料购置。

（6）建设类。建设类项目，是指机房环境建设或试验环境建设相关的设计、建筑、电气、安装、网络等基础设施的新建、扩建和改造项目。

2.10.2 制度依据

2.10.2.1 国家法规

《企业会计准则》（财会〔2006〕3号）及财政部颁布的相关新会计准则。

2.10.2.2 公司制度

《国家电网有限公司电网数字化建设管理办法》（国家电网企管〔2020〕849号）；

《国家电网有限公司电网数字化项目可研工作管理办法》（国家电网企管〔2020〕849号）；

《国家电网有限公司电网数字化项目工作量度量规范应用指南（2020版）》；

《国家电网有限公司数字化建设统筹管理规范（试行）》。

2.10.3 审核要点

2.10.3.1 资料完整性审核

电网数字化项目必须提供以下审核资料：可行性研究报告或项目建议书（单项投资总额在200万元及以上的电网数字化项目须编制项目可行性研究报告，其他电网数字化项目可编制项目建议书）以及项目估算书、单体项目效益不可测算的经济性评价指标表。

若涉及拆旧的项目应提供拟拆除设备清单及状态评价表。

若项目计划时间超过1年，应当提供投资估算分年度明细表。

电网数字化需提供资料和数据如表2－53所示。

表 2－53　　电网数字化需提供资料和数据一览

项目名称	序号	资料名称	资料应包含的信息
电网数字化项目	1	可行性研究报告（或项目建议书）以及项目估算书	（1）项目基本情况，应详细描述立项类别、立项依据、项目的必要性、项目需求、项目建设内容和实施方案、主要设备材料清册、经费估算书、预期目标和成果形式、必要的附图附表等。 （2）按照项目 WBS 结构列示的各环节工作量；具体开发功能点或实施内容，包括具体明细的实现功能点、与市场上成熟软件的差异比较、与已有系统关系及信息融合方式等。 （3）对项目实施进度和项目时间节点的合理估计，包括设计、预计开工、物资到货、竣工等项目节点时间
	2	单体项目效益不可测算的经济性评价指标表	选取的项目与本项目类似程度的分析及说明；本项目的投资估算额与选取的类似项目投资成本的对比分析及说明
	3	投资估算分年度明细表	
	4	拟拆除设备清单	
	5	拟拆除设备状态评价表	资产卡片信息、设备运行情况、设备状态评价结果

未提供表 2－53 中的资料及数据不得通过资料完整性审核。

2.10.3.2　财务合规性审核

1. 审核是否存在重复立项或产生数据壁垒。查找近 3 年电网数字化项目储备项目清单，通过关键字搜索，查看项目可行性研究报告或项目建议书，审核所申请项目的建设内容是否与国网总部、系统内单位已建设或已提出的项目功能存在重叠和交叉，严禁功能相似重复立项。

通过询问数字化成果的使用者，是否该电网数字化项目的功能已经实现，对于已经实现的项目应取消立项。

询问业务归口部门该电网数字化项目是否符合国网公司信息系统一体化建设方向，如何与现有的信息系统相衔接，是否会产生新的数据孤岛。对于会产生数据壁垒的项目应取消立项。

2. 审核是否存在分拆立项。电网数字化项目应以发挥整体资产效率或达到设计目标为一个整体立项，审核是否存在将一个独立项目分拆多个项目立项，通过关键字检索可研项目汇总表，审查是否存在实施对象一致、实施时间一致或一个项目的实施成果与另一个项目实施成果相关联的项目，原则上不得将整体项目分拆立项。

3. 审核是否存在不合理频繁改造或修理的情况。针对硬件、标准软件采购项目，需要更换购置、改造、维修的项目，若原资产成新率大于 0.5 且净值大于 10 万元，需专项说明其合理性。

4. 审核是否准确划分资本性支出与成本性支出。

（1）咨询设计类。项目主要内容为提供技术咨询或设计服务等，应列为成本性支出。

（2）系统开发实施类。信息系统推广过程中产生的安装、调试、培训等项目支出应列为成本性支出，系统首次建设及后续开发等项目支出应列为资本性支出。

（3）运营服务类。项目主要内容为提供系统迁移入池、系统性能优化等运营服务，应列为成本性支出。

（4）数据工程类。主要内容为优化原有系统性能、扩展系统功能，项目支出列为资本性支出；为价值较低的配件补充或更换、软件应用的技术支持等，项目支出列为成本性支出；项目主要内容为编制信息规划、研究统一的信息技术架构、信息标准等，项目支出为成本性支出。

（5）软硬件设备购置类。项目支出为资本性支出。

（6）建设类。项目支出为资本性支出。

5. 审核项目投资估算是否合理。

（1）项目各环节工作量是否合理。根据电网数字化项目各环节 WBS 分解工作量，一般有业务诊断、需求分析、方案设计、系统开发、系统实施、系统集成、项目管理和新技术应用八个环节。重点审核：一是各环节工作量与类似项目相比，是否合理。二是前期基础较好、有可复用成果的项目，业务诊断、需求分析、设计工作量是否有减少。三是采购的成熟基础平台或独立应用软件，开发工作量是否合理。四是一级部署或统一推广的项目，各环节工作量是否在实施单位重复估算。五是有通用的成熟技术，开发难度小的项目，开发工作量是否合理。六是项目实施内容与其他项目有交叉、重叠实施部分的，实施工作量是否重复估算。

（2）费用控制标准。电网数字化项目开发费用、实施费用应不超过国网公司统一执行的标准，如业务部门有更低价格标准的，应从低执行。人工标准（包括直接人力成本、间接人力成本、间接非人力成本、税费）如下：

①咨询设计类 2 500 元/人·天。

②系统开发类 2 100 元/人·天。

③集成实施类 1 500 元/人·天。

④业务运营类 1 500 元/人·天。

⑤数据工程类——数据产品（应用）研发 2 100 元/人·天。

⑥数据工程类——数据标准化、盘点、目录构建、质量治理等 1 800 元/人·天。

⑦数据工程类——数据接入、上传、下发、数据产品（应用）实施 1 500 元/人·天。

（3）审核其他费用支出是否合理。审核是否存在硬件重复或超规格采购；审核第三方软件测试费、知识产权及保密费是否合理；审核是否存在重复列支、无合理依据列支的预留性费用等。

6. 审核拆旧物资数量及处理方案是否合理。审核软硬件购置类项目主要设备及材料数量应当与拆旧物资清单具有数量上的对应关系，对于两者的差异需专项进行详细说明；审核软硬件设备购置类项目是否说明拟处置的设备（部件）的回收处置范围、技术鉴定意见。按照拆除物资拟于本工程再利用、拟报废或拟入库三种方式，审核后续处置方案是否合理，是否经过管理部门签字盖章同意。

2. 10. 3. 3　可研经济性审核

电网数字化项目可研经济性审核，主要审核投入成本合理性。

通过将该项目成本投入与类似项目成本、历史成本或单位投资标准成本等进行比较来衡量成本波动是否在合理范围内。选取的类似项目涉及的项目内容相同或类似，所处区域相同，项目实施的目的应类似，所利用的技术、设备、工艺等方面应具有相似性。财务评审人员根据类似项目类似程度的分析及说明，判断类似项目选取是否合理，项目投资估算总额与类似项目投资成本的对比分析及说明是否合理。

2.10.3.4　其他方面审核

审核可行性研究报告或项目建议书的投资估算总额是否分明细列示，是否详细、合理，是否满足编制年度项目支出预算与资金支出预算的需要。

2.10.4　应用举例

2.10.4.1　项目内容

（1）现有服务器不足以满足模型训练、智能调优、模型验评等工作需求，拟通过本项目购置1台定制化服务器——架构××，更换原老旧服务器。

（2）梳理公司数字化转型规划内容；开展数字化建设现状及存在问题研究；制定公司数字化转型愿景和目标；提出公司数字化转型重点任务。

（3）投资估算表如表2－54所示。

表2－54　　投资估算表

<table>
<tr><th>序号</th><th colspan="2">名称</th><th>工作量
（元/人·天）</th><th>人工费率
（万元）</th><th>费用
（万元）</th></tr>
<tr><td>一</td><td colspan="2">建安工程费</td><td></td><td></td><td></td></tr>
<tr><td>二</td><td colspan="2">软件购置费</td><td></td><td></td><td>40</td></tr>
<tr><td>三</td><td colspan="2">硬件购置费</td><td></td><td></td><td></td></tr>
<tr><td>四</td><td colspan="2">咨询设计费</td><td>400</td><td>0.3</td><td>120</td></tr>
<tr><td rowspan="2">五</td><td rowspan="2">系统开发费</td><td>系统功能开发</td><td></td><td></td><td></td></tr>
<tr><td>系统集成开发</td><td></td><td></td><td></td></tr>
<tr><td rowspan="2">六</td><td rowspan="2">集成实施费</td><td>系统实施</td><td></td><td></td><td></td></tr>
<tr><td>系统集成实施</td><td></td><td></td><td></td></tr>
<tr><td>七</td><td colspan="2">业务运营费</td><td></td><td></td><td></td></tr>
<tr><td rowspan="3">八</td><td rowspan="3">数据工程费</td><td>数据产品（应用）研发</td><td></td><td></td><td></td></tr>
<tr><td>数据标准化、盘点、
目录构建、质量治理等</td><td></td><td></td><td></td></tr>
<tr><td>数据接入、上传、下发、
数据产品（应用）实施</td><td></td><td></td><td></td></tr>
<tr><td>九</td><td colspan="2">其他费用</td><td></td><td></td><td></td></tr>
<tr><td colspan="5">总计</td><td>160</td></tr>
</table>

2.10.4.2　可研资料

可研资料包括可研报告。

2.10.4.3　问题描述

（1）财务评审人员审查可研报告发现，项目涉及拆除更换原有老旧服务器，可研资料未提供拟处置的设备（部件）的回收处置范围、技术鉴定意见，未提供拆旧物资清单，不符合“审核拆旧设备物资数量及处置方案是否合理”审核要点，拆旧流程不合规。

（2）财务评审人员审查投资估算表发现，咨询设计费所用人工费率为3 000元/人·天，超过《国家电网有限公司电网数字化项目工作量度量规范应用指南》（2020版）中“咨询设计类2 500元/人·天”标准，不符合“审核项目投资估算是否合理”审核要点。

（3）财务评审人员审查可研报告及投资估算表发现，该项目将咨询设计费120万元及硬件购置费40万元作为一个项目合并申报，不符合“审核是否准确划分资本性支出与成本性支出”审核要点。

2.10.5　评审实例

项目经济性与财务合规性评审案例如表2-55和表2-56所示。

表2-55　项目经济性与财务合规性评审案例1

项目类型	电网数字化
项目名称	数据库××产品购置项目
一、项目实施内容 目前国网河北电力使用××品牌××数据库审计设备，因为前期系统设计，仅接入电力市场交易系统数据库，对其数据进行审计，未接入其他业务系统。计划通过本项目做到××数据操作不漏检。 二、可研资料情况 1. 采购2套数据库审计设备，满足××全部业务系统数据库接入数据库审计需求，确保××系统对全部××系统的数据库监控完整率。 2. 梳理已接入的数据表清单，开展数据治理相关工作，保证相关业务顺利进行。 三、问题描述 财务评审人员审查可研报告发现，项目实施内容包括硬件采购（资本类）及系统实施（成本类）两类，未对相关支出进行详细划分，不符合“审核是否准确划分资本性支出与成本性支出”审核要点。	

表 2-56　　项目经济性与财务合规性评审案例 2

项目类型	电网数字化
项目名称	加密机升级××产品购置项目
一、项目实施内容 目前公司××业务应用系统、财务管控、电力市场交易、统一数字证书等系统使用加密机均已超过 8 年，厂家加密机硬件型号已不再生产，需要更换新型号加密码。提升公司××业务应用系统、财务管控、电力市场交易、统一数字证书等业务应用加解密的可用性。 二、可研资料情况 通过本项目建设，更换××业务应用系统、财务管控、电力市场交易、统一数字证书等系统 17 台加密机，降低加密机的故障率。 三、问题描述 财务评审人员审查可研报告发现，项目涉及 17 台加密机拆旧换新，未在可行性研究报告中进行相关说明，可研资料中未提供拆旧鉴定表、处置意见等资料，不符合“审核拆旧物资数量及处理方案是否合理”审核要点，拆旧流程不合规。	

2.11　管理咨询项目

2.11.1　适用范围

管理咨询项目是指公司系统各单位为实施管理创新、增强科学决策能力、提高经营管理水平而委托有关研究咨询机构开展的有偿管理咨询项目。不包括电网规划的基础研究项目、工程前期咨询项目、信息系统建设、财务管理等技术咨询与开发项目，以及法律、税务、审计、会计等常规性的中介机构服务项目。

管理咨询项目包括：（1）实施管理创新、增强科学决策能力，提高企业经营管理水平的研究项目。（2）公司发展战略专题研究项目。（3）电力、电网发展的理论、政策、管理等重大问题研究项目。（4）关系公司改革发展的重大理论性、实践性研究项目。（5）与国外能源行业和公用事业企业的对比性研究项目。（6）公司重点关注的其他战略和管理咨询项目。

管理咨询项目均为限上项目。

2.11.2　制度依据

2.11.2.1　国家法规

《企业会计准则》（财会〔2006〕3 号）及财政部颁布的相关新会计准则。

2.11.2.2　公司制度

《国家电网公司管理咨询项目管理办法》（国家电网企管〔2017〕327 号）。

2.11.3　审核要点

2.11.3.1　资料完整性审核

管理咨询项目必须提供以下审核资料：项目计划建议书、单体项目效益不可测算的经济性评价指标表。

若项目计划时间超过 1 年，应当提供投资估算分年度明细表。

管理咨询需提供资料和数据如表 2－57 所示。

表 2－57　　管理咨询需提供资料和数据一览

项目名称	序号		资料名称	资料应包含的信息
管理咨询项目	1		项目建议书	项目研究背景及国内外研究概况；项目主要研究内容、预期目标和成果形式、已有的研究基础、应用前景；咨询机构及团队选择要求；项目经费估算，包括预算费用明细及取费标准表；申请单位审查意见
	2		单体项目效益不可测算的经济性评价指标表	选取的项目与本项目类似程度的分析及说明；本项目的投资估算额与选取的类似项目投资成本的对比分析及说明
	3		投资估算分年度明细表	

未提供表 2－57 中的资料及数据不得通过资料完整性审核。

2.11.3.2　财务合规性审核

1. 审核是否重复立项。

（1）审核是否有以前年度重复的项目，结合近 3 年度管理咨询项目储备清单，通过关键字的搜索，审核是否存在与拟纳入下一年储备库中研究内容基本相同的研究项目。表现为项目研究内容与研究目标基本相同，或者以前年度的管理咨询项目的立项内容和目标涵盖拟纳入下一年储备库的管理咨询的内容和目标。此类重复项目建议取消。

（2）重点审查纵向重复和横向重复 2 类。“纵向重复”指公司总部与网省公司或公司直属单位同时提出研究内容基本相同的研究项目。表现为项目研究内容与研究目标基本相同，或者一方的立项内容和目标涵盖另一方的内容和目标。此类重复项目建议保留一项覆盖性最强的项目，并由公司总部相关申请部门牵头立项。

“横向重复”指公司总部各部门之间或网省公司之间同时提出研究内容存在重复的研究项目。表现为项目的研究目标、研究内容、采用的理论和方法基本相同，仅在对各公司的实际应用上略有不同。对此类重复项目建议采用联合立项，由研究条件较为成熟的部门或网省公司牵头、其他相关部门或网省公司参与。

2. 审核是否准确划分资本性支出与成本性支出。管理咨询项目主要是为提高经营管理水平而实施的项目，一般不能形成资产，所以管理咨询项目支出应列为成本性支出。

2.11.3.3 可研经济性审核

管理咨询项目可研经济性审核，主要审核投入成本合理性。

将项目支出与该类项目历史成本或单位投资标准成本进行比较分析，审查差异是否在合理范围之内。选取的类似项目涉及的项目内容相同或类似，所处区域相同，项目实施的目的应类似。

2.11.3.4 其他方面审核

其他方面主要审核相关信息是否满足预算编制的需要。审核可行性研究报告或项目建议书的投资估算总额是否分明细列示，是否详细、合理，是否满足编制年度项目支出预算与资金支出预算的需要。

2.12 股权投资项目

2.12.1 适用范围

股权投资项目是指国网总部及各单位通过让渡货币资金、股权、债权、实物资产、无形资产或法律法规允许作为出资的其他资产，取得被投资企业的股权，享有权益并承担相应责任的行为。包括新增投资和追加投资。

新增投资，指通过投资新设、股权收购、增资扩股等方式，新增对被投资企业的股权。

追加投资，指对原来已有投资关系的企业增加出资。

2.12.2 制度依据

2.12.2.1 国家法规

《中共中央、国务院关于深化国有企业改革的指导意见》（中发〔2015〕22号）；

《企业国有资产交易监督管理办法》（国务院国资委 财政部令第32号）；

《中央企业投资监督管理办法》（国务院国有资产监督管理委员会令第34号）；

《上市公司国有股权监督管理办法》（国资委 财政部 证监会令第36号）；

《中央企业违规经营投资责任追究实施办法（试行）》（国务院国有资产监督管理委员会令第37号）；

《企业国有资产评估管理暂行办法》（国务院国有资产监督管理委员会令第12号）；

《国家出资企业产权登记管理暂行办法》（国务院国有资产监督管理委员会令第29号）；

《关于中央企业加强参股管理有关事项的通知》（国资发改革规〔2019〕126号）。

2.12.2.2 公司制度

《国家电网有限公司股权管理办法》（国家电网企业管〔2020〕国网〈财/2〉198－2020）；

《国家电网公司资产评估工作管理办法》（国家电网财〔2014〕国网〈财/2〉470－2014）；

《国家电网公司资产产权业务操作规范指引（七）——企业并购》；

《国家电网有限公司关于做好股权项目遴选与投资后评价等工作的通知》（国家电网资本〔2020〕616号）。

2.12.3 审核要点

2.12.3.1 资料完整性审核

股权投资项目必须提供以下审核资料：项目可行性研究报告、风险评估报告、法律意见书。所有股权投资项目均应编制上述材料。

若项目计划时间超过1年，应当提供投资估算分年度明细表。

股权投资需提供资料和数据如表2－58所示。

表2－58 股权投资需提供资料和数据一览

项目名称	序号	资料名称	资料应包含的信息
股权投资项目	1	可行性研究报告	（1）有效性。 ①项目时效。项目提交评审时间距离可研报告编制日不超过6个月。 ②信息完整。项目可研报告、风险评估报告、法律意见书等必要材料及其包含的内容要点完备。 （2）合规性。 ①投资方向。拟投资项目应符合国家政策、公司战略的要求，应聚焦主责主业，符合本单位核心业务与功能定位；项目符合国资委《中央企业投资工程负面清单》、管理层级和法人户数管控等要求。 ②交易方案。交易方式、操作流程、定价依据符合法律法规和管理制度规定。合作方资产权属清晰，资信情况良好，不存在同业竞争、关联交易等问题。项目核心条款设置满足拟投资单位股权投资目的，能够有效保障拟投资单位资金安全及应获权利，并缓释股权投资可能面临的风险。 ③治理结构。历史沿革、党组织、“三会一层”、股东权利、组织机构设置符合法律法规，能够有效维护公司合法权益。合作方不存在重大失信或违规违法行为。 （3）合理性。 ①业务模式。投资目的是否符合拟投资单位主营业务发展要求。投资项目商业模式清晰，具有市场竞争力，项目具备完善的利润分配和退出机制。 ②行业发展。企业主营业务所属行业具有广阔的发展空间，行业当前及未来市场竞争格局有利于企业发展，行业市场规模足以支撑企业发展。 ③企业运营。投资方资金来源明确，实际控制人及其关联方与企业具有一定风险隔离，组织机构设置合理，核心人员较为稳定，企业研发创新能力处于行业领先水平，企业产能扩张满足营收增长速度，企业市场占有率逐步提升。

续表

项目名称	序号	资料名称	资料应包含的信息
股权投资项目	1	可行性研究报告	（4）经济性。 ①投资回报。股权投资收益率不得低于国务院国资委投资负面清单对投资回报率的要求，其中商业一类企业股权投资的预期收益率还应同时不低于国资委业绩绩效考核经济增加值（EVA）指标对公司权益成本率的要求。 ②盈利预测。关键参数应与同行业、同类型企业平均水平基本一致；项目效益预测应有充分依据，营收、成本、利润等财务指标应从底层关键参数进行分析并有完整的推算过程；至少预测不少于 5 年的营收、成本、利润、现金流量等指标。 ③敏感性分析。对于预测模型中可能存在较大波动的、敏感性较强的因素，进一步分析不确定性因素对投资项目的最终经济效果指标的影响程度，并对风险程度进行说明。 （5）风险性。 ①内部风险。对管理风险、技术风险、财务风险、运营风险、合规风险等内部风险进行了充分的评估并制定了相应的缓释措施。 ②外部风险。对政策风险、市场风险、经济环境风险等外部风险进行了充分的评估与预测，并相应制定应对措施
	2	股权投资项目财务评价指标计算表	
	3	风险评估报告	
	4	法律意见书	

未提供表 2－58 中的资料及数据不得通过资料完整性审核。

2.12.3.2　财务合规性审核

1. 审核股权投资项目投向。审核股权投资项目投向是否符合党中央、国务院决策部署及国家出台的政策规定，其中重点关注：

（1）改革部署。分析投向是否符合供给侧结构性改革、国资国企改革、电力体制改革、金融体制改革、科技体制改革等文件要求，是否符合国民经济和社会发展规划、产业政策、国有资本布局等宏观调控方向。

（2）监管要求。针对国资监管，是否属于国资委认定的非主业投资、中央企业投资项目负面清单、市场准入负面清单等范围，以及是否符合中央企业法人户数和管理层级管控的要求。针对电价监管，是否符合国家发改委、国家能源局关于输配电价核价、电网投资、输配电资产管理等要求；针对金融监管，是否满足“一行两会”关于立足主业、服务实体、审慎经营、风险隔离等要求。

2. 审核股权投资项目是否符合公司要求。审核股权投资项目是否符合公司战略目标，是否贯彻落实公司党组部署要求，是否有助于发挥公司核心优势，不断增强国有经济竞争力、创新力、控制力、影响力和抗风险能力等。

3. 审核股权投资项目是否符合公司自身定位。重点审核项目投向是否符合公司确定或批复的本单位企业性质、功能定位、核心业务、发展规划等，是否与公司系统内其他单位尤其是上市公司存在同业竞争。

4. 审核投资主体是否符合规定。股权投资项目原则上不得直接或间接新增公司第五级（以国网总部为第一级）及以下投资。对拟直接或间接新增公司第五级及以下单位的股权投资，应当报国网总部审批。

5. 审核合作对象。审核股权投资合作对象（或交易对手，下同）的资质、资源、资信状况，重点关注：实际控制人情况；对方在技术、业务、市场、管理、研发、品牌、政策等方面是否具有独特优势，能否提供资源支持并发挥协同效应；业务运营、财务状况和现金流量是否良好；对方及其关联方是否与标的企业存在同业竞争；是否存在重大失信记录、违规违法记录以及债权债务、法律诉讼等风险。

6. 审核标的企业。对于股权收并购或增资项目，应对标的企业近年来的经营发展情况进行分析评估，重点关注：股权结构及实际控制人情况；大额投资及重要子企业情况；拥有的核心技术、专利、产品、人员等情况；主要客户、供应商和竞争对手情况；资产负债、损益、现金流量等财务指标及相关比率的变动原因及与市场同业的对比情况；对股东的现金分红情况；与实际控制人及其关联方之间的业务交易、资金占用、担保等经济往来关系及其合理性；贷款、业务、对外借款、担保等合同及执行情况；未决诉讼、债务纠纷、对外担保等或有负债情况；债务处置、职工安置方案合规性、合理性等。

7. 审核交易方案。

（1）出资安排。审核出资主体、金额、方式和进度，重点关注各方股东是否均以现金出资，采用认缴还是实缴，是否按持股比例同步实缴；资金来源和筹资方式是否明确，涉及融资的应包括资本金比例和融资方式、融资成本，其中资本金比例不低于总投资的 20%；对于非现金出资，是否规范履行资产评估程序，资产评估方法是否科学合理等。

（2）股权结构。审核各股东持股比例情况是否充分且符合公司对不同业务参股与控股的要求；项目与主营业务相关的应考虑控股，不控股的应加以说明；股权关系与实际控制权是否逻辑一致；出资比例与股权结构是否相符等。

（3）交易方式。审核协议、进场等交易方式的选择，是否符合相关法律法规、国资委及公司关于交易方式的规定；交易方式的操作时间安排，是否有利于项目落地。对于股权收并购项目，分析交易操作主体、流程顺序是否符合法律法规的要求。

（4）交易价格。对于股权收并购项目，审核定价程序的合规性、合理性，是否符合国资委等相关监管机构及公司管理要求；并购项目的交易价格原则上应不高于经备案的评估值，评估中介机构应符合国资委和公司相关要求。

（5）分红政策。是否在公司章程及相关协议中约定了分红政策，对于财务性参股投资，应积极主张分红收益获取；根据分红政策（及退出收益，如涉及）预测的投资回报是否能够满足国资委和公司的要求。

（6）退出方式。对于参股投资，应审核是否在投资相关协议中约定投资退出机制，投资退出方式一般包括股份上市、股份转让、股份回购等，应结合实际选择合理方式并明确列示，有效防范投资风险。

8. 审核业务发展。

（1）业务模式。审核标的企业的业务资质（牌照）、业务划分、核心产品和服务内容、管理团队、主要供应商、目标客户、监管政策、建设周期、运营主体、盈利模式、现金流量等，判断业务模式是否清晰、合理、可行、可持续。

（2）竞争状况。结合标的企业的规模实力、市场份额和行业排名，以及主要竞争对手的战略目标、核心能力、主要财务指标、最新动向等，分析标的企业具备的优势和劣势、面临的机会和威胁等，判断未来业务发展是否具有核心竞争力，是否存在被替代风险。

（3）成长空间。结合市场需求、产业政策、技术变革等因素，预计标的企业发展趋势，重点关注行业前景是否明朗，产品生命周期是否有利；核心团队是否稳定可靠；产品和服务是否易于标准化与可复制；企业是否具备较强的创新能力等。

9. 审核法人治理。

（1）董监高设置。审核标的企业党组织、股东（大）会、董事会、监事会、经理层设置是否符合《公司法》要求，董事、监事、高管派驻是否与出资股比相匹配，是否有利于维护公司合法权益。各单位应积极争取董监高席位，一般情况下，持股51%以上，应拥有董事会半数以上席位；持股34%～50%，应拥有至少1/3的席位；持股10%～33%，应拥有至少一个董事席位；持股5%～10%，应尽量争取董事席位，确保至少一个监事席位；持股5%以下，尽量争取董事或监事席位。

（2）股东权利。审核股东权利及表决权分配是否符合法律法规等相关规定，是否有效维护公司合法权益，对于参股投资，重点关注：是否设置一票否决权，股东是否充分行使权利，是否设置优先认购权、优先清偿权、随售权、平等待遇权等条款，各方股东是否同股同权等。

10. 审核潜在风险。审核股权投资项目涉及的各类风险及应对措施，重点关注：

（1）政策风险。主要是产业规划、行业准入、业务监管等政策变动导致核心业务边界条件发生显著变化。如项目属于非主业投资，须经公司董事会、国资委审批等。

（2）市场风险。主要是因供需变化、市场竞争等原因，导致经营效益水平达不到预期目标，直接影响投资回报。

（3）技术风险。主要是因技术加速演进、更新迭代、创新失败等因素，导致企业产品或服务减弱甚至失去竞争力。

（4）运营风险。主要是由于企业在治理结构、人员配置、专业能力等方面存在欠缺，导致投资达不到预期目标。

（5）合规风险。主要因违反法律法规、监管要求、管理制度等受到制裁，导致投资损失。

2.12.3.3　可研经济性审核

重点审核投入产出和成本投入的合理性，同时应审核测算可研经济性指标所依据的业务参数的合理性。

1. 审核关键参数假设。在对项目进行定性分析的基础上，重点关注：结合国家监管政策、行业研究成果、可比企业信息等，审核业务参数假设值是否客观以及具备合理依据；结合数据口径和范围，关注参数变动是否异常。详见附件 1 股权投资项目可研经济性审核模型中的关键参数假设条件审核表。

2. 审核核心财务指标。基于关键参数假设，依托审核模型，按照股权投资项目业务类型，组织相关业务部门，审核股权投资标的企业主要经营指标，原则上不少于 5 年，主要包括收入成本费用及利润情况、资本性投入情况、折旧摊销情况、融资情况、现金流量情况等。

（1）收入预测。审核收入预测合理性，关注收入是否满足资产对应的约束条件，例如，电厂约束条件是装机容量，生产企业约束条件是产能，服务行业约束条件是市场需求等；关注收入的变化趋势是否合理；关注收入预测是否按照影响参数进行细分，一般参数可拆分为销量和单价，体现销量和单价的变动趋势对收入的影响，关注销量和单价预测是否合理。

（2）成本预测。审核成本预测合理性，审核成本是否按照影响动因进行细分，与资产相关的成本费用如折旧费、修理费，与人员相关的成本费用如工资、社保、公积金等，与收入相关的如材料费、运行维护费等；审核各类成本费用的完整性，是否存在漏项；审核各成本费用的预测方法及费率参数是否合理；审核成本费用变动趋势是否合理；审核毛利率水平与行业对标是否在合理范围内。

（3）预测期选择。审核预测期的选择是否合理。预测期主要考虑因素是产品的寿命周期，产品生命周期分为四个阶段：导入期、成长期、成熟期、衰退期。永续项目预测期至少到稳定期，单独项目预测期一般为产品的寿命周期，做有限期全流程预测。

（4）现金流终值。对现金流终值的预测是否做到不重不漏。永续期项目应计算到稳定期后再作为永续现金流计算，有限期项目应充分考虑固定资产回收、营运资金回收对企业价值的影响。

（5）折现率。审核折现率是否考虑公司实际的资本结构，匹配现金流和折现率。对于资本金＋银行借款的筹建模式，应采用与资本结构相对应的加权平均资本成本。加权平均资本成本，需要计算股权资本成本和债权资本成本，其中，债权资本成本一般以实际利率计算（扣除所得税影响），股权资本成本与股权报酬率一致，可以参考该行业的净资产收益率，其区间是高于无风险收益率（4%），低于高风险收益率（15%），一般在10%左右。目前折现率一般选择6%～8%。

案例：光伏发现项目

（1）收入预测。关注发电量是否满足机组容量的需求；是否与当地的光能源匹配；是否受到当地限电的影响；是否拿到发改委的批复电价；是否收到国家补贴；收入预测是否根据电池的衰减呈现下降趋势。

（2）成本预测。重点关注折旧费、租赁费、委托运行维护费、维修费等。关注折旧费和租赁费是否稳定，并与资产规模相匹配；关注委托运行维护费的委托内容，是否可涵盖电厂运营的主要费用；关注维修费是否随资产的损耗呈现递增的趋势；关注土地使用税、房产税是否已经计入成本；人工成本是否根据企业的岗位配置进行计算，人数保持稳定，并随工资水平变动而变动；关注是否存在与其他公司共用的资产，如办公楼、车辆、办公设备等，是否存在人力资源混用的情况。

（3）预测期。关注发改委批复的电价的涵盖区间（发改委一般批复20年的补贴，但光伏发电机组的寿命一般为25年），关注补贴到期后是否持续经营，若持续经营价值低于清算的价值，应在补贴到期日进行清算。

（4）折现率。是否充分考虑企业实际的资本结构。通过银行融资筹建，应采用与之相对应的加权平均资本成本。

3. 审核投资回报。

（1）静态投资回报率（ROI）。

计算公式为：

$$\text{静态投资回报率} = \frac{\text{年利润或年均利润}}{\text{投资总额}} \times 100\% \quad (2.12.3.3-1)$$

评价标准为：投资预期收益率不得低于国资委投资负面清单管控对投资回报率的要求，其中商业一类企业股权投资的预期收益还应同时不低于国资委业绩考核经济增加值（EVA）指标对公司权益资本成本率的要求。

（2）内含报酬率（IRR）。即投资计算期内各年净现金流量现值累积为零时的折现率，反映投资在设定的计算期内全部投资的盈利能力。

计算公式为：

$$\sum_{t=0}^{n}(CI-CO)_t(1+IRR)^{-t}=0 \qquad (2.12.3.3-2)$$

其中，CI 表示现金流入；CO 表示现金流出；$(CI-CO)_t$表示第 t 年的净现金流量；n 表示计算期年数。

评价标准为：当内部收益率大于或等于行业资本收益率或设定的折现率时(一般可按《建设项目经济评价方法与参数（第三版)》行业基准收益率选取)，项目在财务上是可行的。

（3）财务净现值，反映项目生命期内投资盈利能力。按行业的基准收益率，将项目计算期内预测各年的净现金流量折现到建设期初的现值之和。

计算公式为：

$$FNPV=\sum_{t=0}^{n}(CI-CO)_t(1+i_0)^{-t} \qquad (2.12.3.3-3)$$

其中，FNPV 表示财务净现值；CI 表示项目实际的或根据实际情况预测的年现金流入量（预测年度电网售电增量收入）；CO 表示项目实际的或根据实际情况预测的年现金流出量（预测年度投资支出或运维支出）；i_0 表示行业基准收益率（一般可按《建设项目经济评价方法与参数（第三版)》行业基准收益率选取）；n 表示计算期年数。

评价标准为：财务净现值大于 0，说明项目在财务上是可行的，否则不可行。当多方案比较时，财务净现值越大的方案相对越优。

（4）静态投资回收期，是指项目累计净现金流量等于零的年份，也就是在累计净现金流量由负值转向正值之间的年份。此指标通过对比项目静态投资回收期与行业基准回收期的差异，来分析项目的可行性。

计算公式为：

静态投资回收期（年）＝累计净现金流量出现正值的上一年份数＋（出现正值上一年累计净现金流量的绝对值/出现正值年份的净现金流量）

其中，行业基准投资回收期可选该固定资产的折旧年限。

评价标准为：当静态投资回收期小于行业基准投资回收期时，项目在财务上是可行的，否则不可行。

（5）开展敏感性分析。对于预测模型中可能发生较大波动并且对经营结果影响较大的因素，应进行敏感性分析，重点关注：主营业务收入及成本、政策补贴、资本性支出等因素，也可以针对关键参数假设，区分乐观、中性、悲观等不同场景进行敏感性测试，列示相应结果。

2.12.3.4 其他方面审核

除了项目可研报告，还应编制风险评估报告、法律意见书，并根据项目实际，相应地编制尽职调查报告、资产评估报告、审计报告等，各类报告应保持衔接。其中，风险评估报告主要包括项目概况、内外部环境分析、主要风险因素、风险评价、风险应对策略、评估结论等内容。法律意见书主要包括各股东方的工商和涉诉信息核实、项目涉及的法律法规、法律风险提示等内容。尽职调查报告主要包括标的企业基本情况、业务与技术情况、财务状况和风险提示等内容。

2.12.4 应用举例

2.12.4.1 项目内容

1. 项目背景。

×增量配电项目，计划2021年于××建设……

2. 主要设计原则（略）。

3. 负荷分析。

（1）电负荷（略）。

（2）热负荷（略）。

（3）天然气负荷（略）。

4. 建设规模及主要内容。

（1）增量配电网工程（略）。

（2）分布式能源站工程（略）。

（3）天然气供气支线管道工程（略）。

(4) 供能负荷统计（略）。

(5) 结论（略）。

5. 经济性指标评价表如表2－59所示。

表2－59　经济性指标评价表

1	项目投资内部收益率（税前/后）	%	……/……
2	投资回收期（税前/税后）	年	……/……
3	项目资本金内部收益率	%	……
4	投资回收期	年	……
5	总投资收益率	%	……
6	资本金净利润率	%	……
7	静态投资回报率	%	3%

2.12.4.2　可研资料

可研资料包括可研报告、估算书、经济性指标评价表。

2.12.4.3　问题描述

(1) 财务评审人员审查经济性指标评价表发现，项目静态投资回报率（ROI）为3%，属于《中央企业投资工程负面清单》禁止类事项“投资预期收益低于5年期国债利率的商业性投资工程”，项目经济性不充分，应予以审减。

(2) 财务评审人员审查经济性指标评价表发现，项目经济效益评价内容不完整：缺少财务净现值等指标测算。缺少折旧、税率、运维成本等基础参数假设。缺少完整的收入、成本、利润、现金流推算过程，未编制相关测算表格，无法对相关指标测算准确性进行审核。

(3) 财务评审人员审查可研资料发现，该项目可研资料未提供风险评估报告，不符合“资料完整性”审核要点，无法对股权投资项目财务合规性审核规则中各类风险审核要点进行审查，项目财务合规性无法得到保障。

(4) 财务评审人员审查可研报告发现，该项目可研报告未按《国家电网有限公司股权管理办法》及相应配套可研报告模板进行报告编写，缺少项目投资方案、业务发展分析等内容描述。

2.12.5 评审实例

项目经济性与财务合规性评审案例如表2－60所示。

表2－60　项目经济性与财务合规性评审案例

项目类型	股权投资项目
项目名称	××综合能源一体化项目新建工程

一、项目实施内容

本项目主要建设内容有增量配电网、××和×××这三个主要分项工程及附属设施。

（1）增量配电网：新建110kV变电站2座及相关线路。（2）××：新建2×10MW××简单循环发电机组＋配套余热锅炉。（3）×××：新建专供管道为×××站、×××产业园、×××有限公司供气。

二、可研资料情况

1. 可研报告内容如图2－18所示。

一、 前言

1 项目背景

2 主要设计原则

3 负荷分析

3.1 电负荷

3.2 热负荷

3.3 天然气负荷

4 建设规模及主要内容

4.1 增量配电网工程

4.2 分布式能源站工程

4.3 天然气供气支线管道工程

4.4 供能负荷统计

4.5 结论

5 投资估算及经济效益分析

5.1 项目本期投资估算及经济效益分析

5.2 项目总体投资估算及经济效益分析

图2－18　可研报告目录

2. 项目主要经济指标如图2－19所示。

项目主要经济指标			
1	项目投资内部收益率（税前/税后）	%	8.68/6.78
2	投资回收期（税前/税后）	年	11.31/12.86
3	项目资本金内部收益率	%	13.51
4	投资回收期	年	8.99
5	总投资收益率	%	6.86
6	资本金净利润率	%	17.28

图2－19　项目主要经济指标

续表

三、问题描述 1. 可研报告内容缺失。该项目可研报告参照电网基建项目模板编制，未按《国家电网有限公司股权管理办法》及相应配套可研报告模板进行编写，缺少项目投资方案、业务发展分析等内容描述。 2. 经济效益评价内容不完整。缺少静态投资回报率、财务净现值等指标测算；缺少折旧、税率、运维成本等基础参数假设；缺少完整的收入、成本、利润、现金流推算过程，未编制相关测算表格，无法对相关指标测算准确性进行审核。

2.13　教育培训项目

2.13.1　适用范围

教育培训项目是在公司发展战略和规划的指导下，围绕公司年度工作目标，综合分析职工队伍素质、员工培训需求、培训实际能力，在一定时间、预算、资源条件下完成的具体任务。

教育培训项目包括职工培训项目、人才评价项目、培训开发项目和培训购置项目四类。

（1）职工培训项目。职工培训项目包括经营类培训、管理类培训、技术类培训、技能类培训、服务类培训，以及送出培训等。经营类培训、管理类培训、技术类培训、技能类培训、服务类培训为按照培训内容及对象划分的各类培训班。送出培训为根据工作需要，经本单位批准，到本单位之外接受的培训，包括系统内送出培训和系统外送出培训。

（2）人才评价项目。人才评价项目包括人才选拔与考核、能力等级评价、竞赛调考等。人才选拔与考核包括系统外部人才和内部人才选拔，以及人才定期考核。能力等级评价包括专业技术资格评定、技能等级认定、职（执）业资格认证等。竞赛调考包括技能竞赛、知识竞赛和专业调考。

（3）培训开发项目。培训开发项目包括培训策划及评估、培训资源开发、培训应用工具开发及维护、网络大学应用及维护等。培训策划及评估是指项目需求调研、方案策划、课程设计和质量评估等。培训资源开发是指培训规范、课件、教材、案例和题库等资源开发。培训应用工具开发及维护是指培训教学工具、培训仿真软件、培训管理辅助工具等开发与维护。网络大学应用及维护是指网络大学运营管理、在线项目实施、功能完善与推广应用等。

（4）培训购置项目。培训购置项目包括培训教材资料购置、培训教学教具及材料购置、培训设备设施购置（或占用职教经费额度）等。培训教材资料购置是指直接用于开展培训的出版物（含电子出版物）、软件、网络培训账号和其他版权归属明确的实物或网络培训资源购置。培训教学教具及材料购置是指直接用于开展培训的教学教具、低值易耗材料等的购置。培训设备设施购置是指直接用于开展实训的设备设施等的购置。

教育培训项目按限额分限上、限下、零星项目，分类标准执行各专业管理制度。

2.13.2 制度依据

2.13.2.1 国家法规

《企业会计准则》（财会〔2006〕3号）及财政部颁布的相关新会计准则；

《中华人民共和国企业所得税法》（中华人民共和国主席令2007年第63号）；

《企业所得税法实施条例》（中华人民共和国国务院令第512号）。

2.13.2.2 公司制度

《国家电网公司教育培训管理规定》（国网〈企管/428〉2019）；

《国家电网公司教育培训项目管理办法》（国网〈企管/428〉2019）；

《国家电网有限公司教育培训项目综合定额标准与分项费用标准》；

《国网河北电力人资部关于加强和规范教育培训工作的通知》。

2.13.3 审核要点

2.13.3.1 资料完整性审核

教育培训项目必须提供以下审核资料：可行性研究报告或需求说明（限上、限下项目均应编制可行性研究报告，零星项目应编制需求说明）以及项目估算书。

限上、限下项目以及培训开发类零星项目均应编制可行性研究报告，职工培训类、人才评价类零星项目应编制需求说明。

教育培训需提供资料和数据如表2-61所示。

表2-61 教育培训需提供资料和数据一览

项目名称	序号	资料名称	资料应包含的信息
教育培训项目	1	可行性研究报告（或需求说明）以及项目估算书	①项目背景及必要性分析，预期目标、培训方案设计、培训计划、经费预算、培训对象、培训周期、培训人数等内容。 ②经费预算应说明经费来源渠道、费用类型、列支内容和金额、外聘师资费用等。 ③项目支出应分明细列示，至少应包含支出内容、金额，列支的标准及依据等

未提供表2-61中的资料及数据不得通过资料完整性审核。

2.13.3.2 财务合规性审核

1. 审核是否包含其他类别项目。审核教育培训项目支出是否包含培训设备设施改造、维修项目的内容，培训设施的改造支出应为生产辅助技改项目、培训设施的维修支出应为生产辅助大修项目。

2. 审核是否准确划分资本性支出与成本性支出。教育培训项目支出一般应列为成本性支出项目。

3. 审核项目列支内容是否合理。

（1）职工培训教育项目费用，包括讲课费、材料费、教材费、职工教育培训管理费用及有关职工教育的其他开支。

（2）培训项目及教材、课件开发费用，包括培训项目开发、教材（讲义）开发、培训课件开发、考试题库开发、培训应用软件开发、培训教材资料购置、培训教具耗材等费用。

（3）不能从职工教育培训经费中列支的费用包括：各类人员参加在职学历教育的学费；新扩建教室、校舍、培训基地所需费用；培训机构日常经费和其他行政、事业性经费开支，以及职业院校的学历教育补贴。

4. 审核项目列支的标准是否合规。

（1）经营人员及高层次紧缺人才培训不超过700元/人·天，管理和技术人员不超过600元/人·天，技能人员及其他服务人员不超过500元/人·天，外送培训不超过600元/人·天，人才评价不超过300元/人·次。

（2）知识和技能竞赛每个预算不超过15万元，专业调考每个预算不超过15万元。

（3）审核系统内师资、系统外师资课酬金标准是否符合政府和公司有关文件的规定。

2.13.3.3 可研经济性审核

教育培训项目可研经济性审核，主要审核投入成本合理性。

通过将该项目成本投入与类似项目成本、历史成本或单位投资标准成本等进行比较来衡量成本波动是否在合理范围内。选取的类似项目涉及的项目内容相同或类似，所处区域相同，项目实施的目的应类似。

2.13.3.4 其他方面审核

其他方面主要审核相关信息是否满足预算编制的需要。审核可行性研究报告或项目建议书的投资估算总额是否分明细列示，是否详细、合理，是否满足编制年度项目支出预算与资金支出预算的需要。

第 3 章　项目填报及评审要求

3.1　经济性指标评价表

3.1.1　投资使用计划与资金筹措总表

投资使用计划与资金筹措总表如表 3－1 所示。

表 3－1　投资使用计划与资金筹措总表　单位：万元

序号	项目	合计	建设期		运营期					
			……年	……年	……年	……年	……年	……年	……年	……年
1	建设投资使用计划									
1.1	逐年建设投资使用额度									

续表

序号	项目	合计	建设期		运营期					
			……年	……年	……年	……年	……年	……年	……年	……年
1.2	价差预备费									
2	建设投资资金筹措									
2.1	资本金									
2.2	国内银行贷款									
	建设期贷款利息									
3	建设期利息合计									
4	流动资金									
4.1	自有流动资金									
4.2	流动资金借款									
5	工程动态投资									
5.1	其中：固定资产投资									
5.2	流动资产投资									
5.3	长期待摊费用									

3.1.2 借款还本付息计划表

借款还本付息计划表如表3－2所示。

表 3－2　　**借款还本付息计划表**　　单位：万元

序号	项目	合计	建设期		运营期					
			……年	……年	……年	……年	……年	……年	……年	……年
1	长期借款									
1.1	期初借款余额									
1.2	当期还本付息									
1.3	期末借款余额									
2	流动资金借款									
2.1	期初借款余额									
2.2	当期还本付息									
2.3	期末借款余额									
3	短期借款									
3.1	期初借款余额									
3.2	当期还本付息									
3.3	期末借款余额									
4	借款合计									
4.1	期初借款余额									
4.2	当期还本付息									
	其中：还本									
	付息									
4.3	期末借款余额									

注：仅考虑长期借款。

3.1.3 固定资产折旧、无形资产及其他资产摊销估算

固定资产折旧、无形资产及其他资产摊销估算如表 3－3 所示。

表 3－3 固定资产折旧、无形资产及其他资产摊销估算 单位：万元

序号	项目	合计	建设期		运营期					
			……年	……年	……年	……年	……年	……年	……年	……年
1	固定资产合计									
1.1	原值									
1.2	折旧费									
1.3	净值									
2	无形资产合计									
2.1	原值									
2.2	摊销费									
2.3	净值									
3	其他资产合计									
3.1	原值									
3.2	摊销费									
3.3	净值									

3.1.4 总成本费用估算表

总成本费用估算表如表 3－4 所示。

表 3－4　**总成本费用估算表**　单位：万元

序号	项目	合计	建设期		运营期			
			……年	……年	……年	……年	……年	……年
1	生产成本							
1.1	工资							
1.2	折旧费							
1.3	材料费							
1.4	外包检修费							
1.5	委托运行维护费							
1.6	社会保险费							
1.7	住房公积金							
1.8	摊销费（低值易耗品、无形资产、长期待摊费用）							
1.9	财产保险费							
1.10	研究开发费							
1.11	其他运营费用							
2	财务费用							
2.1	长期借款利息							
2.2	流动资金利息							
2.3	短期借款利息							
3	总成本费用							

注：本表中的成本为不含增值税成本。

3.1.5 销售收入和税金及附加估算表

销售收入和税金及附加估算表如表3－5所示。

表3－5　　销售收入和税金及附加估算表　　单位：万元

序号	项目	合计	建设期		运营期					
			……年	……年	……年	……年	……年	……年	……年	……年
1	输电收入（不含税）									
1.1	增供电量（千瓦时）									
1.2	平均电价（不含税元/千瓦时）									
2	其他收入									
3	收入合计：									
4	税金及附加									
4.1	增值税									
4.2	城建税									
4.3	教育费附加									

注：本表中的输送电量收入为不含增值税收入。

税金测算——税金及附加计算表如表3－6所示。

表 3－6

税金测算——税金及附加计算表

单位：万元

序号	项目	合计	建设期		运营期					
			……年	……年	……年	……年	……年	……年	……年	……年
1	营业收入									
	增值税销项税率									
	增值税销项税额									
	增值税进项税率（综合）									
	增值税进项税额									
	留抵									
	应交增值税									
	城市维护建设税（7%）									
	教育费附加（5%）									

3.1.6　利润与利润分配表

利润与利润分配表如表 3－7 所示。

表 3－7

利润与利润分配表

单位：万元

序号	项目	合计	建设期		运营期			
			……年	……年	……年	……年	……年	……年
1	产品销售收入							
2	税金及附加							

续表

序号	项目	合计	建设期		运营期			
			……年	……年	……年	……年	……年	……年
3	总成本费用							
4	利润总额							
5	弥补以前年度亏损							
6	应纳税所得额（4－5）							
7	所得税							
8	可供分配利润（税后）							
8.1	企业盈余公积金							
8.1.1	法定盈余公积金							
8.1.2	任意盈余公积金							
9	息税前利润							

注：本表中的输送电量收入为不含增值税收入。

3.1.7　项目总投资现金流量表

项目总投资现金流量表如表3－8所示。

表3－8　**项目总投资现金流量表**　单位：万元

序号	项目	合计	建设期		运营期			
			……年	……年	……年	……年	……年	……年
1	现金流入							

续表

序号	项目	合计	建设期		运营期			
			……年	……年	……年	……年	……年	……年
1.1	营业收入							
1.2	回收固定资产余值							
1.3	回收流动资产							
2	现金流出							
2.1	建设投资							
2.2	流动资金							
2.3	经营成本							
2.4	税金及附加							
2.5	持续运营投资							
3	所得税税前净现金流量（1－2）							
4	累计所得税税前净现金流量							
5	所得税							
6	所得税税后净现金流量（3－5）							

3.1.8　项目资本金现金流量表

项目资本金现金流量表如表 3－9 所示。

表 3 –9

项目资本金现金流量表

单位：万元

序号	项目	合计	建设期		运营期				
			……年	……年	……年	……年	……年	……年	……年
1	现金流入								
1.1	营业收入								
1.2	回收固定资产余值								
1.3	回收流动资产								
2	现金流出								
2.1	项目资本金								
2.2	流动资金								
2.3	经营成本								
2.4	税金及附加								
2.5	持续运营投资								
2.6	偿还本金								
3	所得税税前净现金流量（1 –2）								
4	累计所得税税前净现金流量								
5	所得税								
6	所得税税后净现金流量（3 –5）								
7	累计所得税税后净现金流量								
计算指标：									
资本金税后财务内部收益率（%）									

3.1.9 工程项目其他数据表

工程项目其他数据表如表 3－10 所示。

表 3－10 工程项目其他数据表

序号	项目	单位	金额	备注
1	工程总投资	万元		
2	固定资产投资	万元		
3	售电量	万千瓦时		
4	单位资产供电量	万千瓦时/万元		
5	项目投产后预算期供电量	万千瓦时		适用于主网项目
6	上期供电量	万千瓦时		
7	单位投资增供电量	万千瓦时/万元		
8	项目投产后预算期供电量	万千瓦时		适用于配网项目
9	上期线损率	%		
10	预算期线损率	%		
11	单位投资降损电量	万千瓦时/万元		
12	变压器功率	千伏安		
13	单位千伏安投资额	万元/千伏安		适用于变电站项目
14	线路长度	公里		
15	单位公里数投资额	万元/公里		适用于线路

3.2 单体项目效益不可测算的经济性评价指标计算表

单体项目效益不可测算的可研经济性评价指标计算表如表 3－11 所示。

表 3－11 单体项目效益不可测算的可研经济性评价指标计算表

项目名称：

1. 选取类似项目情况介绍：

续表

2. 与类似项目相似程度分析：
3. 与类似项目投入成本量化比较分析：

注：(1) 类似项目相似程度分析应包括但不限于项目所处地域（原则上应处于同一地市）、类似项目发生时间、项目类别性质、项目未来产生现金流量方式。

(2) 量化分析参考公式 = 类似项目实际投资成本 × 项目投资规模的修正系数 × 通货膨胀率。

(3) 项目投资规模的修正系数 = 本项目投资线路长度（或变电容量）/类似项目投资线路长度（或变电容量）；非电网建设项目参照执行。

(4) 通货膨胀率 = 1 + 类似项目至本项目之间各年度 CPI 之和。

(5) 表中投入成本是指该项目总体投资规模。

第 4 章　附　则

各单位可根据本指导手册开展项目可研经济性与财务合规性审核，并根据实际应用情况，逐步健全完善评价标准。

本指导手册由国网河北省电力有限公司经济技术研究院负责解释。